reinhardt

Gebhardt • Jungjohann • Schurig

Lernverlaufsdiagnostik im förderorientierten Unterricht

Testkonstruktionen, Instrumente, Praxis

Mit 14 Abbildungen und 3 Tabellen

Ernst Reinhardt Verlag München

Prof. Dr. *Markus Gebhardt* ist Professor für Lernbehindertenpädagogik und inklusive Pädagogik an der Universität Regensburg.

Dr. *Jana Jungjohann*, Sonderpädagogin und wissenschaftliche Mitarbeiterin an der Universität Regensburg, entwickelt Tests und Fördermaterialien zur Lernverlaufsdiagnostik.

Dr. *Michael Schurig* ist Vertretungsprofessor für inklusive Bildungsprozesse an der TU Dortmund.

Bibliografische Information der Deutschen Nationalbibliothek

Die Deutsche Nationalbibliothek verzeichnet diese Publikation in der Deutschen Nationalbibliografie; detaillierte bibliografische Daten sind im Internet über <http://dnb.d-nb.de> abrufbar.

ISBN 978-3-497-03053-8 (Print)
ISBN 978-3-497-61527-8 (PDF-E-Book)
ISBN 978-3-497-61528-5 (EPUB)

Printed in EU
Covermotiv: Agenturfoto. Mit Model gestellt. ©iStock.com/sturti
Satz: Katharina Ehle

Ernst Reinhardt Verlag, Kemnatenstr. 46, D-80639 München
Net: www.reinhardt-verlag.de E-Mail: info@reinhardt-verlag.de

Inhalt

Abkürzungen

Es werden folgende Abkürzungen eingeführt und fortlaufend verwendet:

CBM	Curriculum-Based Measurement
ICC	Item Characteristic Curve
IRT	Item-Response-Theorie
KMK	Kultusministerkonferenz
KTT	Klassische Testtheorie
LVD	Lernverlaufsdiagnostik
RTI	Response to Intervention
SPU	Sonderpädagogischer Unterstützungsbedarf

Vorwort

Beim erfolgreichen Lernen in der Schule arbeiten das Kind und die Eltern mit der Lehrkraft gemeinsam. Dieses erfolgreiche Lernen aufzuzeigen und positiv rückzumelden ist ein wichtiger Bestandteil von Schule, der manchmal im Alltag zu kurz kommt. Insbesondere den Eltern die positive Entwicklung ihres Kindes aufzuzeigen und zu beschreiben, kann bei SchülerInnen mit Lernschwierigkeiten schnell zu einer Herausforderung werden.

Mit Hilfe der **Lernverlaufsdiagnostik** (LVD) werden (Lern-)Entwicklungen von wichtigen schulischen Teilkompetenzen dokumentiert und in einem Lernverlaufsgraphen einfach visualisiert. Die Lernverlaufsgraphen dienen gleichermaßen als Grundlage für das positive und konstruktive Feedback für SchülerInnen und Eltern und helfen Lehrkräften, die Lernprozesse zu verbessern. Die LVD ist ein international etablierter und wirksamer Ansatz, um Lernangebote an Gruppen und einzelne SchülerInnen anzupassen sowie lernbezogene Rückmeldungen im Unterricht möglichst einfach und effektiv umzusetzen. Durch einen regelmäßigen Einsatz der LVD im Unterricht kann schulischen Lernschwierigkeiten und einem drohenden sonderpädagogischen Förderbedarf entgegengewirkt werden.

Das Ziel der LVD ist, dass sowohl SchülerInnen mit einem Risiko für Lernschwierigkeiten, als auch gut begabte Kinder erfolgreich in der Schule lernen und von dem angebotenen Unterricht möglichst stark profitieren. Meist sind es kleine Maßnahmen oder didaktische Umstellungen, welche die Zugänglichkeit zu Bildungsinhalten und das Verständnis von SchülerInnen verbessern. Die Wirksamkeit der LVD ist mit einer kindorientierten und positiven Sichtweise auf das Lernen sowie dem erfolgreichen Erreichen der Lernziele verbunden.

Mit dem Begriff Diagnostik verknüpfen Lehrkräfte aktuell vorwiegend bekannte statusdiagnostische Tests. Statustests werden zur Überprüfung von schulischen Leistungen für einen Zeitpunkt genutzt und sie messen meist mehrere Teilkompetenzen in einem umfangreichen Test. Statusdiagnostische Tests sind häufig nur als teure Papiertests verfügbar und benötigen viele zeitliche Ressourcen für die Einarbeitung, Durchführung und Auswertung. Durch ihre Testkonstruktion erlauben sie nur bedingt eine Evaluation des Lernprozesses.

Die LVD ist ein weiterer Bereich der schulischen Diagnostik. Mittlerweile werden für die deutsche Schullandschaft zunehmend mehr papierbasierte Tests und Onlineplattformen zur LVD entwickelt, durch wissenschaftliche Schulstudien evaluiert und für die Schulpraxis zugänglich gemacht. Die Entwicklung und Erforschung der LVD ist noch jung, sodass neue Tests vermehrt als Computertest und Apps umgesetzt werden. Insbesondere digitale Tests sind in der Durchführung und Auswertung zeiteinsparend. Vielen Lehrkräften und LehramtsanwärterInnen ist die LVD noch unbekannt. Eine LVD besteht aus mehreren parallelen Tests, mit denen die Entwicklung des Lernens über einen Zeitraum hinweg gemessen wird. Je nach Zielgruppe der LVD und zeitlichen Abständen zwischen den Messungen sind die Tests unterschiedlich konstruiert. Die verschiedenen Konstruktionsweisen der LVD sind jeweils für ihr Ziel berechtigt. Deren Chancen und Grenzen werden in diesem Buch diskutiert, damit aus dem Angebot der verfügbaren LVD-Tests bewusst ein passender Test für die eigene Lerngruppe ausgewählt werden kann. Instrumente zur LVD werden von WissenschaftlerInnen, Schulbuchverlagen und auch von PraktikerInnnen und Lehrkräften entworfen, aber nicht alle sind in Schulstudien überprüft oder mit Material und Hinweisen für die Förderung verbunden. Daher sind auch einige Verfahren nur bedingt zur Unterstützung der Unterrichtsgestaltung in inklusiven Klassen zu empfehlen.

Dieses Buch verfolgt für Lehrkräfte und SonderpädagogInnen, LehramtsanwärterInnen und interessierte Studierende **zwei Ziele**. Zum einen bietet es eine **Hilfestellung, einen passenden Test für die eigene Lerngruppe auszuwählen**. Dafür werden Hintergründe zum Lernen und zur Messung von Kompetenzen (Feststell- und Förderdiagnostik) in der Schule und zur LVD erklärt. Zum anderen unterstützt das Buch darin, mithilfe der LVD den **eigenen Unterricht zu evaluieren und die individuelle Förderung zu verbessern**. Dafür werden verfügbare LVD Tests für die Lernbereiche Lesen, Rechtschreiben und Mathematik intensiv vorgestellt und ihre Unterschiede erklärt. Dabei stehen digitale Verfahren wie Onlineplattformen im Vordergrund, da sie ohne zusätzlichen Zeitaufwand und mit automatisierten Auswertungen leicht anzuwenden sind.

Kapitel 1 gibt einen umfassenden Einblick in die LVD, indem in grundlegende Begriffe eingeführt wird und mit dem Fallbeispiel Paul die Durchführung im Unterricht sowie die Interpretation kurz beschrieben ist. Kapitel 2 stellt die Herausforderungen der inklusiven Schule dar und zeigt mögliche Unterstützungswege und deren Grundlagen auf. Kapitel 3 beschreibt verschiedene Konzepte der formativen Diagnostik und erörtert die Entstehung des Namens LVD mit Bezug auf die Ursprünge des curriculumbasierten Testens in den USA. Kapitel 4 führt in die Arten und Konstruktionsweisen der LVD ein. Kapitel 5 erläutert die Testkonstruktion und Testtheorie in Bezug auf die LVD in einfachen Worten. Daran anschließend werden einzeln bekannte Verfahren zu den Bereichen Lesen (Kapitel 6), Rechtschreiben (Kapitel 7) und Mathematik (Kapitel 8) unter

Berücksichtigung der fachspezifischen Testkonstruktion diskutiert. Kapitel 9 beschreibt zum Abschluss die Anwendung der LVD im Unterricht. Die Beschränkung auf die Bereiche Lesen, Rechtschreibung, Mathematik mit ausgewählten Ansätzen und Verfahren erfolgt, um den Buchumfang nicht zu sprengen. In Kapitel 10 werden die wichtigsten Anwendungsgründe für die LVD noch einmal kurz zusammengefasst.

Wir bedanken uns herzlich bei allen Personen, die uns bei der Erstellung dieses Buchs begleitet und unterstützt haben. Ein besonderer Dank gilt Prof. Andreas Mühling und Prof. Kirsten Diehl, den beiden engsten KooperationspartnerInnen für die Onlineplattform Levumi (www.levumi.de). Durch die gemeinsame Arbeit und Diskussion wurde die Grundlage für dieses Buch gelegt und die aktuelle Forschung erst ermöglichst. Für den anregenden wissenschaftlichen Diskurs danken wir Sven Anderson, Morten Bastian, Dr. Stefan Blumenthal, Dr. Yvonne Blumenthal, Dr. Jeffrey M. DeVries, Dr. Corinna Lohmann, Lisa Mau, Prof. David Scheer, Dr. Daniel Sommerhoff und Helene von Gugelberg, unseren KollegInnen. Bei Regine Rackerseder und Rebecca Reimering bedanken wir uns in besonderen Maß für die technische Unterstützung. Ein großer Dank gilt auch den Lehrkräften des Diagnose- und Förderklassenteams rund um Katrin Scheler sowie allen beteiligten Schulleitungen, Lehrkräften, SchülerInnen und Studierenden. Ohne die Rückmeldung aus der Praxis und die stets konstruktive Anmerkungen zur Anwendung der LVD im Unterrichtsalltag wäre unsere Forschung und auch unser Wissen über LVD nicht auf dem aktuellen Stand.

1 Einblicke in die Lernverlaufsdiagnostik

1.1 Begriffserklärung

Kann ich Lernerfolg in der Schule messen? Wann lerne ich erfolgreich? Was sagen Rückmeldungen als Ziffernoten oder als Gespräch über schulische Leistungen aus?

Diese Fragen stellt sich neben Lehrkräften, SchülerInnen und Erziehungsberechtigten auch die Wissenschaft. Insbesondere zur Feststellung des aktuellen Leistungsstandes und der Kompetenzen gibt es viele Instrumente. Intelligenztest, Schulleistungstest oder auch Beobachtungsinstrumente messen meistens jedoch einen aktuellen Ist-Stand einmalig und dies möglichst präzise. Zumeist können diese Instrumente nicht zum wiederholten Messen im Lernen verwendet werden, da keine Parallelformen vorliegen und die Instrumente ausschließlich für einen einmaligen Messzeitpunkt normiert sind.

Die Idee der Lernverlaufsdiagnostik (LVD) ist, mit wiederholenden reliablen Messungen Rückmeldungen zu unterrichtlichen Förderungen und Interventionen nicht über einen Zeitpunkt, sondern über einen Zeitraum zu geben.

DEFINITION

Die **Lernverlaufsdiagnostik** ist eine Form der formativen Diagnostik, welche Lernentwicklungen begleitend misst, evaluiert und den Lernverlauf an Lehrkräfte und Lernende direkt rückmeldet.

Das Ziel der LVD ist es, die Lernentwicklung in einem präzise formulierten Bereich des Lernens möglichst genau abzubilden und Lehrkräften darauf basierende didaktische Entscheidungen zu ermöglichen. Der Weg zum Lernziel und das Erreichen des festgelegten Ziels werden mittels leicht handhabbarer kurzer Tests als individuelle Lernverläufe der SchülerInnen über die Zeit hinweg gemessen.

Zur Rückmeldung von schulischen Leistungen werden bei älteren SchülerInnen üblicherweise vorwiegend Ziffernoten und in den unteren Klassenstufen schriftliche Berichtszeugnisse genutzt. Die Leistungsbewertungen folgen dabei einer oder mehreren Bezugsnormen (sozial, individuell oder kriterial). Überwiegend beziehen sich die Leistungsbewertungen auf die soziale Bezugsnorm als Vergleich mit den Leistungen der MitschülerInnen. Seltener beziehen sie sich auf kriteriale Anforderungen an die SchülerInnen. Die individuelle Entwicklung der SchülerInnen wird bisher kaum bei Ziffernoten und nur in geringem Ausmaß bei Berichtszeugnissen als ausschlaggebende Bewertungsgrundlage einbezogen. Der individuelle Blick und die individuelle Rückmeldung stehen im Mittelpunkt der LVD. Dieser Blick ist für eine wirksame und effektive individuelle Lernförderung aller SchülerInnen notwendig.

Die LVD stellt die Lernentwicklung des einzelnen Kindes in den Vordergrund und ermöglicht so eine individuelle Bewertung, welche auch als Passung zwischen dem Kind und dem aktuellen Unterricht interpretiert werden kann (Deno 2003a). Lernfortschritte oder Lernstagnationen werden visualisiert, um herauszufinden, ob und in welchem Ausmaß sich die Kompetenzen der SchülerInnen über die Zeit hinweg verändern (Klauer 2011). Die Tests der LVD zeichnen sich dadurch aus, dass sie nur wenige Minuten dauern, mehrere parallele Testformen für einen hochfrequenten Einsatz bereitstellen und leicht interpretierbar sind (Jungjohann et al. 2018d). Die Durchführungsdauer der Lernverlaufstests soll so kurz wie möglich sein, um nur wenig Lernzeit für Testungen zu beanspruchen. Durch die kurze Testzeit kann mehr Zeit für individuell angepasste Förderung genutzt werden. Daher ist die ökonomische Nutzbarkeit der LVD für die Lehrkraft neben der Reliabilität der Messung das oberste Ziel bei der Testkonstruktion.

Die LVD ermöglicht Lehrkräften, bereits während des Lernprozesses, ihre Förderung anhand der Lernverläufe zu evaluieren. Die Lehrkräfte erkennen anhand der Lernverläufe frühzeitig Änderungsbedarfe in der Förderung und adaptieren diese bei Bedarf unter Berücksichtigung der präzise identifizierten Lernschwierigkeiten (Jungjohann et al. 2018c). Die LVD wird dann wirksam im Unterricht eingesetzt, wenn nach der Beobachtung eines kritischen Lernverlaufs auch eine didaktisch-methodische und inhaltliche Adaption der Materialien, des Unterrichts oder spezieller Fördersituationen erfolgt. Im optimalen Fall gibt die LVD neue Informationen und stärkt den individuellen Blick sowie die individuelle Bezugsnorm, welche durch die gezielteren Handlungen der Lehrkraft zu einer Verbesserung des Lernsettings führen. Diese Veränderung des Lehrkrafthandelns und die Stärkung der individuellen Rückmeldung stellen für alle Beteiligten die positive Wirkung der LVD dar.

Die LVD ermöglicht die Evaluation des aktuellen Unterrichts und einer speziellen intensiven Förderung. Zeigen die SchülerInnen Lernfortschritte und erreichen sie das Lernziel, dann ist die LVD eine Bestätigung des erfolgreichen Unterrichts. Sind jedoch keine oder nur sehr geringe Lernfortschritte festzustellen und erreichen die SchülerInnen das angestrebte Lernziel vermutlich nicht, stellt sich die Frage, wie der aktuelle Unterricht für eine effektivere Förderung verändert werden sollte.

Lernen zu messen und Lernerfolge festzustellen ist Ziel der LVD. Neben dem Messen und Bewerten von Lernverläufen ist die Zielsetzung, der Lehrkraft eine möglichst sichere Rückmeldung und eine wichtige Informationsbasis für pädagogische Entscheidungen zu geben (Blumenthal et al. 2014). Die LVD basiert auf dem Ansatz der formativen Diagnostik. Während summative Verfahren mit mehreren Statusdiagnostiken erst nach der Förderung eine Rückmeldung über den Erfolg der Förderung geben, bekommt die Lehrkraft bei formativen Verfahren Rückmeldung bereits während der Förderung. Formative Bewertungssysteme dienen der Beantwortung folgender Fragen:

- Was hat die SchülerIn im gegenwärtigen Unterricht mit den aktuell praktizierten pädagogischen Maßnahmen bereits gelernt?
- In welchem Bereich bestehen noch Lernschwierigkeiten?
- Welche Maßnahmen haben etwas bewirkt und welche Förderung kann noch eingesetzt werden?

Summative und formative Instrumente geben zu unterschiedlichen Zeitpunkten Rückmeldung. **Summative Verfahren** mit Statusdiagnostiken geben Rückmeldung vor oder nach dem Lernprozess. **Formative Verfahren** wie die Lernverlaufsdiagnostik geben Rückmeldung über Veränderung während des Lernprozesses.

Mit Hilfe von Tests der LVD können die Lernfortschritte der SchülerInnen in Lernbereichen zeitnah beurteilt werden (Deno 2003b). Die SchülerInnen lösen innerhalb einer zeitlichen Vorgabe von meist nur wenigen Minuten möglichst viele Aufgaben eines Tests zu einem Kompetenzbereich, wie beispielsweise Lesen oder Grundrechenoperationen. Die Messungen werden in regelmäßigen Abständen (wöchentlich bis monatlich) mittels paralleler Testversionen durchgeführt.

Bei der Konstruktion der LVD müssen einerseits schulpraktische Anforderungen berücksichtigt werden, damit die Lehrkräfte die Tests verstehen, anwenden und interpretieren können. Andererseits muss eine reliable und faire Messung sichergestellt werden. Im Gegensatz zu statusorientierten Schulleistungstests, welche vorwiegend unter der Betrachtung der Reliabilität konstruiert werden, wurden die meisten Tests der LVD unter dem Aspekt der Einsetzbarkeit und

Verwendung für die Praxis entwickelt. Auf diesen Blick wurde seit Beginn der Forschung in den 80er Jahren Wert gelegt (Deno et al. 1980). Denn nur, wenn die Tests den vermittelten Inhalten in der Schule entsprechen und die Lehrkräfte auch deren Ergebnisse interpretieren können, werden Tests der LVD in der Praxis erfolgreich eingesetzt. Die Konstruktion der LVD hat die schwierige Aufgabe, einerseits die Anforderungen des Lehrplans, der Fachdidaktik und der pädagogischen Ausrichtung der Schule abzudecken und andererseits über die Zeit reliablen und für mehrere SchülerInnengruppen fairen Test zu entwerfen.

1.2 Durchführung

Eine zentrale Eigenschaft der LVD ist, dass die individuellen Lernentwicklungen in spezifischen Kompetenzbereichen (z. B. Addition und Subtraktion im Zahlenraum bis hundert oder Silbenlesen) in einem Lernverlaufsgraphen visuell aufbereitet werden. Die Lernverlaufsgraphen unterstützen die Lehrkräfte in der Beurteilung der Lernentwicklungen. In Abb. 1 ist ein Lernverlaufsgraph vor Beginn einer Förderung des Fallbeispiels Paul dargestellt.

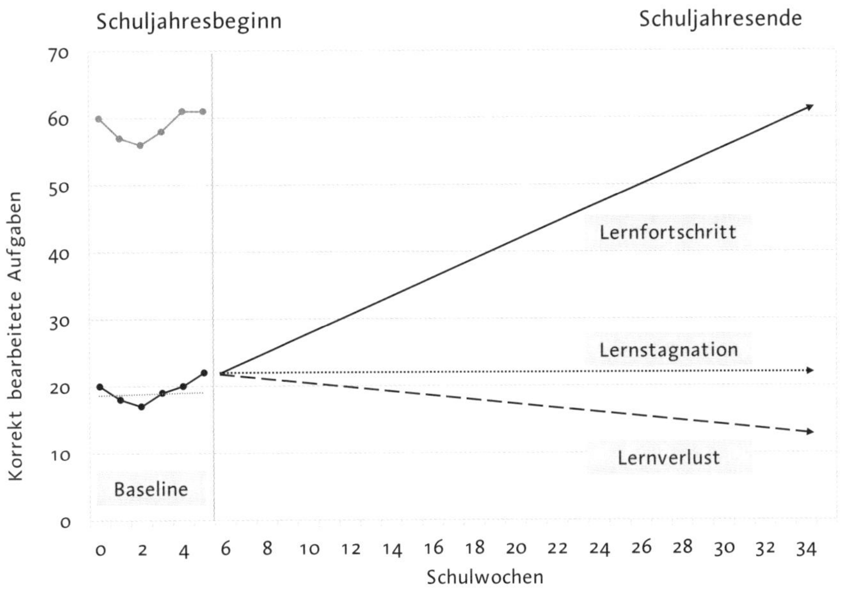

Abb. 1: Pauls Lernverlaufsgraphen im Lesen zu Schuljahresbeginn

BEISPIEL

Die ersten Messungen von Pauls Lernverlauf

Paul hat jede Woche einen Lernverlaufstest im Lernbereich Lesen bearbeitet. Die Lehrkraft beurteilt und dokumentiert während der Testung, bei welchen Wörtern Lesefehler gemacht wurden. Die schwarze Linie in der ersten bis sechsten Schulwoche in Abb. 1 zeigt die Messergebnisse, hier die richtig gelesenen Wörter pro einminütigem Lesetest. Zu Beginn des Schuljahres hat die Lehrkraft sechs Mal die Leseleistungen im regulären Unterricht gemessen und so eine Ausgangsentwicklung (sog. Baseline) für die Evaluation von Pauls Lernentwicklung geschaffen. Paul liest in dieser Baseline-Phase im Schnitt 20 Wörter pro Minute. Gleichzeitig wurden die Leseleistungen von Pauls MitschülerInnen mit dem gleichen Test gemessen. Die Baseline der MitschülerInnen ist in Abb. 1 grau dargestellt. Sie erreichen im Schnitt 58 Wörter in der Minute.

Nach der Betrachtung der individuellen und der sozialen Bezugsnorm besteht bei Paul ein Unterstützungsbedarf im Lesen für eine erfolgreiche Lernentwicklung. Nach den Messungen zur Baseline wird ein Förderziel für Paul festgesetzt. Im optimalen Fall wird das Förderziel gemeinsam im Lehrkraftteam entwickelt und regelmäßig überprüft. Hierbei stellen sich zwei zentrale Fragen:

1 Welches Ziel kann Paul wahrscheinlich bei einer optimalen Entwicklung bis zum Schuljahresende erreichen (individuelle Entwicklung)?
2 Welche Kompetenzen benötigt Paul in der nächst höheren Klassenstufe (Kriterium und Anforderungen der Schule)?

In diesem Beispiel wird für Paul das Ziel auf 60 Wörter pro Minute am Ende des Schuljahres festgesetzt. Nach der Festlegung des Förderziels sind drei grundsätzliche Lernentwicklungen möglich. In Abb. 1 zeigt die schwarze Linie einen linearen, positiven Lernfortschritt. Ein solcher Lernverlauf wird erhofft und ist unter einer effektiven Förderung wahrscheinlich. Alternative mögliche Lernentwicklungen sind Stagnationen im Lernen (gepunktete Linie) oder gar Lernverluste (gestrichelte Linie; z. B. nach langer Krankheit).

Abb. 2 zeigt Pauls Lernentwicklung im Lesen über das Schuljahr hinweg. Nach der ersten Baseline-Phase ohne zusätzliche Förderung wurden über das Schuljahr mehrere zusätzliche Förderungen initiiert, wie beispielsweise das Lesen mit einer Leseapp in einer Kleingruppe. Diese sind als zeitlich getrennte Lernphasen in den Graphen eingetragen. Außerdem wurde ebenfalls der alltägliche Unterricht mehr an Pauls Unterstützungsbedürfnisse durch individuelle angepasste und zusätzliche Leseförderungen angepasst. Im Lernverlaufsgraphen ist ein

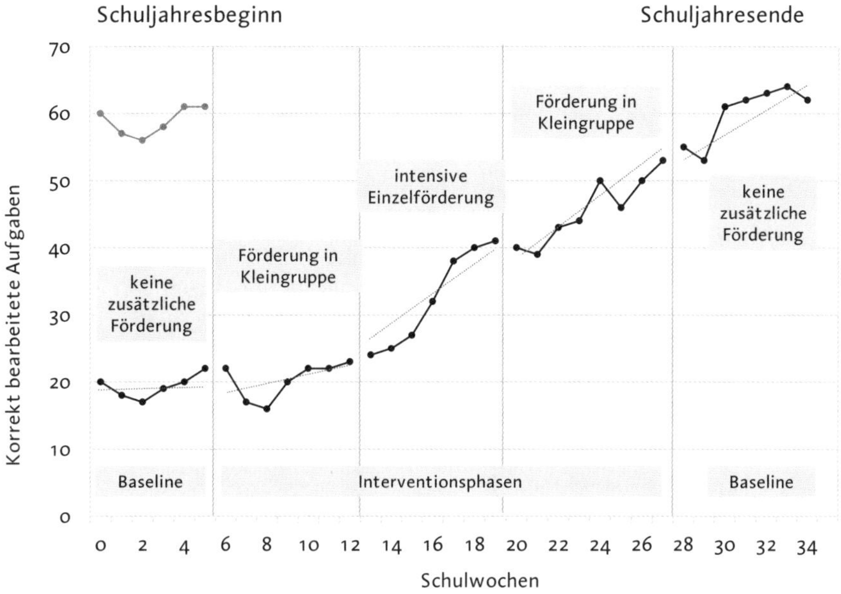

Abb. 2: Pauls Lernverlaufsgraphen im Lesen über ein Schuljahr

positiver Lernfortschritt über das gesamte Schuljahr erkennbar. Hierbei kann die positive Lernentwicklung über mehrere Messzeitpunkte als Trend interpretiert werden. Dieser Trend ist ein wichtiges Maß für den Erfolg des Unterrichts oder der Förderung, denn er beschreibt das Ausmaß des Lernzuwachses. Je mehr Messungen in einem zeitlichen Abschnitt zusammengefasst werden, desto stabiler ist der Trend. Einzelne Messungen können von Tagesschwankungen und weiteren Einflussfaktoren leicht beeinflusst werden. Ein solcher Einfluss wird aber über mehrere Messungen ausgemittelt.

Die Lernverlaufsgraphen bilden die Grundlage für Teamgespräche und Gespräche mit Erziehungsberechtigten. Bevor Schlussfolgerungen aus den Graphen gezogen werden können, ist es wichtig zu fragen, ob alle wesentlichen Informationen zur Entwicklung des Kindes verfügbar sind. Durch die Einbeziehung der Erziehungsberechtigten erfahren die Lehrkräfte von wichtigen Ereignissen (z. B. zusätzlicher Förderung, Nachhilfe, akuten familiären Belastungen zu Hause), welche direkt auf die Lernentwicklung wirken können. Bei der Festlegung von Förderzielen und -maßnahmen empfiehlt es sich, das gesamte Lehrkraftteam, die Erziehungsberechtigten und auch das Kind miteinzubeziehen. Durch eine gemeinsame Erarbeitung und konsequente

Verfolgung des (Förder-)Ziels können die Bereitschaft und der Erfolg gesteigert werden.

In Abb. 2 ist der Trend (graue, gepunktete Linie) zeitlich getrennt nach den einzelnen Phasen der Förderung dargestellt. Eine direkte Wirksamkeit der initiierten Förderung kann aus den zeitlich getrennten Trendlinien nur vorsichtig abgeleitet werden, da die Testintervalle hierfür mehrere Messungen beinhalten sollten. Der generelle Trend von Beginn der Förderung bis zum Erreichen des gesteckten Ziels sollte auch im Gesamten mit interpretiert werden. Die Reflexion, ob die gemessenen Ergebnisse mit dem eigenen Eindruck zur Förderung übereinstimmen und ob eine Adaption der Förderung erforderlich ist, macht besonders für den Unterricht und die Zusammenarbeit im Team die Wirksamkeit des Ansatzes der LVD aus.

Die in den Abbildungen gezeigten Lernverlaufsgraphen sind nicht nur für die Lehrkräfte relevant, sondern können auch als direkte und einfache Rückmeldung für die Besprechungen mit den SchülerInnen und den Erziehungsberechtigten genutzt werden. Die Lernverlaufsgraphen visualisieren auch den SchülerInnen, dass sich ihre Anstrengungen und die aktuell verwendeten Methoden lohnen. Sie dienen auch als Reflexionsgrundlage, wie das angestrebte Ziel besser erreicht werden kann.

Die einzelnen Verfahren der LVD müssen in Anlehnung an fachspezifische Theorien der Lernbereiche konstruiert sein, um differenzierte Rückmeldungen zu erlauben (Anderson et al. 2020b). Beispielsweise ist es von Vorteil, wenn Tests der LVD für den Anfangsunterricht in ihrem Aufbau die Modelle zum basalen Leseerwerb oder zum Erwerb von mathematischen Grundkompetenzen berücksichtigen. Beispielsweise sind für den Anfangsunterricht im Lesen die Leseflüssigkeit und im mathematischen Bereich das Stellenwertverständnis wichtige Teilkompetenzen. So sind aus den Ergebnissen der Tests didaktische Förderentscheidungen ableitbar (Jungjohann / Gebhardt 2018). Die Tests sollten von den Lehrkräften so ausgewählt werden, dass das aktuelle Lernziel und die Lernschwierigkeiten der SchülerInnen von den gemessenen Teilkompetenzen erfasst werden können. Neben der quantitativen Erfassung und visuellen Darstellung des Lernverlaufs können manche LVD qualitative Auswertungen der Fehlerart oder der Lösungsstrategie mitliefern, um einen vertieften Blick für weitere Anregungen in der Förderplanung zu bieten.

1.3 Interpretation

Für eine gute Einarbeitung in die Anwendung und Interpretation der LVD sind unterstützende und begleitende Materialien notwendig (Ardoin et al. 2013). Dazu zählen Anleitungen zur Interpretation, Hilfen zur Analyse von Schwierigkeiten und zur Vorhersage des Lernverlaufs. Hilfen zur Interpretation unterstützen Lehrkräfte mit Informationen, wie die Lernverlaufsgraphen und Ergebnisse eines spezifischen Tests aufgebaut sind und welche Informationen diese enthalten. Eine weitere Möglichkeit der Unterstützung der Interpretation sind optische Analysehilfen, wie Regressionslinien der Lernverläufe oder eine optische Trennung zwischen unterschiedlichen Interventionsphasen. Diese sollen das Verständnis von Lernverlaufsergebnissen unterstützen und einer Fehlinterpretation der Daten vorbeugen (van den Bosch et al. 2017). Analysehilfen setzen zielgruppengerecht an, um die Interpretation der Daten für Lehrkräfte zu vereinfachen.

Zur Erleichterung der Interpretation und der didaktischen Umsetzungen sind didaktische Materialien, Arbeitsblätter und Förderkonzepte hilfreich, wenn diese Materialien eng mit den Konstruktionsprinzipen und der erfassten Lerndomäne der LVD verschränkt sind. Im optimalen Fall basiert ein Lernverlaufstest auf wissenschaftlichen Lerntheorien und ist dadurch einfacher mit didaktischen Materialen und Förderkonzepten verknüpfbar. Solche Materialien zeigen den Lehrkräften typische und unterrichtsnahe Übungsaufgaben, die auf potentielle Schwierigkeiten im Lernen abgestimmt sind.

Die LVD hat einen formativen Ansatz, bei dem das Erreichen eines spezifischen messbaren Lernziels im Vordergrund steht. Nicht geeignet ist die LVD für Fragen zur Statusdiagnostik. Zur Feststellung von spezifischen Unterstützungs- oder Förderbedarfen in einem breiten Lernbereich (z. B. Lesen oder Mathematik) sind Instrumente und Tests mit einer einmaligen Messung geeigneter, welche diesen breiten Lernbereich abdecken. Diese Verfahren können daher gut mit dem Einsatz der LVD kombiniert werden, indem zuerst Verfahren zur Statusdiagnostik einsetzt werden und danach abgestimmt auf die Förderung und das Förderziel die LVD auswählt wird.

Die LVD ist ein wirksames Werkzeug für die Schule, wenn die Lehrkraft zusätzliche Informationen zum Lernverlauf bekommt und bei der Rückmeldung die individuelle Bezugsnorm als positive Verstärkung nutzt. Die Interpretation der LVD mit weiteren Daten aus dem Alltag sollte im Team erfolgen und mit weiteren Handlungs- und Förderschritten verknüpft sein. LVD ist daher am sinnvollsten in ein schulweites, mehrstufiger Fördersystem eingebunden. Bei diesem steht nicht allein die Kompetenz der SchülerInnen im Mittelpunkt, sondern vielmehr die Wechselwirkung zwischen den SchülerInnen und dem Unterstützungssystem.

2 Lernen in der inklusiven Schule

Die inklusive Schule ist eine Schule für alle Kinder und Jugendlichen. Eine inklusive Schule findet Lösungen, um den verschiedenen Bedürfnissen und Lernausgangslagen aller SchülerInnen gerecht zu werden. Ziel ist es, den Zugang zum Lerninhalt zu ermöglichen, Lernentwicklung und Lernfortschritte sicherzustellen sowie soziale Teilhabe und Partizipation für alle SchülerInnen zu gewährleisten. Diese Bedingungen für eine inklusive Schule zu erreichen stellt insbesondere bei SchülerInnen mit erhöhtem Förderbedarf oder sonderpädagogischem Unterstützungsbedarfen (SPU) eine Herausforderung dar. Um sie gut zu bewältigen, müssen förderorientiertes Handeln sowie individuelle Bewertungsmaßstäbe in den inklusiven Grund- und Sekundarschulen im Vordergrund stehen. Ebenso bedarf es eines flexiblen Unterstützungssystems innerhalb und außerhalb der Schule, um sonderpädagogische, sozialpädagogische und psychologische Expertisen in die Förderung miteinzubeziehen (Heimlich et al. 2018).

International und national besteht in der Forschung der Konsens, dass inklusiver Unterricht ein erfolgreiches Lernen für Kinder und Jugendliche mit und ohne sonderpädagogische Unterstützungsbedarf (SPU) ermöglicht (Gebhardt 2015). SchülerInnen mit SPU erreichen in inklusiven Settings höhere schulische Kompetenzen als in Förderschulklassen (Lindsay 2007). Gleichzeitig zeigen SchülerInnen ohne Unterstützungsbedarf keine schlechteren Kompetenzen im gemeinsamen Unterricht (Gebhardt 2015). Die Forschungsergebnisse deuten nicht auf einen besonderen Einfluss der Lehrkräfte durch beispielsweise eine andere Didaktik oder ein anderes Unterrichten zwischen Förderschule und inklusiver Schule hin. Sie sind eher dahingehend zu interpretieren, dass die inklusive Schule einen positiven Einfluss durch das Umfeld und die MitschülerInnen (Peergroup) auf das schulische Lernen und den Lernerfolg hat. Diesen positiven Einfluss kann und soll die LVD als Rückmeldung für gelungenen Unterricht und Lernfortschritte noch bestärken.

Die **inklusive Schule** benötigt förderorientiertes Handeln und individuelle Bewertungsmaßstäbe sowie ein flexibles Unterstützungssystem, um den Zugang zu Lerninhalten, Teilhaben und Partizipation für alle SchülerInnen mit und ohne SPU zu gewährleisten.

2.1 Sonderpädagogischer Unterstützungsbedarf

Der Begriff sonderpädagogischer Unterstützungsbedarf wird nach der Empfehlung der Kultusministerkonferenz (KMK 2019) hier verwendet. Der Begriff Unterstützungsbedarf ist dem Begriff Förderbedarf gleichgesetzt, welcher aktuell noch in vielen Ländern und Gesetzen verwendet wird. Der SPU ist eine Kategorisierung des Schulsystems, um Ressourcen, besondere Schulen, besondere Lehrkräfte sowie erweiterte Stundensätze für einzelne SchülerInnen zu ermöglichen und zu rechtfertigen. Ohne einen zugeschriebenen SPU könnten die SchülerInnen ansonsten nicht im allgemeinen Schulsystem aufgenommen oder gefördert werden. Der SPU ist ein schulspezifisches systemisches Konstrukt, um einem einzelnen Kind Hilfe und weitere Unterstützung zu ermöglichen. Die Begrifflichkeiten haben sich über die Jahre verändert. Der Begriff Förderbedarf wurde von der Empfehlung der KMK (1994) geprägt und ist aktuell in den meisten Gesetzen sowie in der Praxis weit vertreten. In der aktuelleren Empfehlung der KMK zum sonderpädagogischen Schwerpunkt Lernen (KMK 2019) wird vom SPU gesprochen, um die systemische Sicht, den Einfluss des Umfelds und der Lernsituation zu betonen.

Der neue Begriff **sonderpädagogischer Unterstützungsbedarf** nach der Empfehlung der Kultusministerkonferenz (KMK 2019) betont die systemische Sicht, den Einfluss des Umfelds und der Lernsituationen der einzelnen SchülerInnen.

Ein Kind erhält eine sonderpädagogische Unterstützung, wenn es mittels einer Feststelldiagnostik (KMK 2019) von einer sonderpädagogischen Lehrkraft begutachtet wurde. Daran gekoppelt ist die Erstellung eines sonderpädagogischen Gutachtens mit Hinweisen zu Umfang und Art des Unterstützungsbedarfs sowie möglicher Unterstützung. Die Feststellung des Unterstützungsbedarfs erfolgt dann gemeinsam mit den Eltern. Die Verfahren zur Verteilung von Lehrerstunden und Ressourcen sind zwar zwischen den Ländern ähnlich, im Detail unterscheiden diese Verfahren sich aber zwischen den Bundesländern (Sälzer et al. 2015), in Österreich (Buchner/Gebhardt 2011) und der Schweiz (Mejeh/Powell 2018).

Die Vergaben des SPU werden über das Schulamt von allen Beteiligten auf Grundlage einer Diagnostik gemeinsam entschieden und ausgehandelt. Die

Entscheidung fällt im Einzelfall, bei dem auf der einen Seite die Bedürfnisse des Kindes und auf der anderen Seite die Unterstützungsmöglichkeiten der Schule in Betracht kommen. Während es in der Vergangenheit nur die Wahlmöglichkeit zwischen Förderschule und allgemeinbildender Schule gab, besteht die Hoffnung, dass zukünftig mehrere Unterstützungssysteme und Möglichkeiten in der inklusiven Schule für besondere pädagogische Bedarfe berücksichtigt werden.

Die Vergabeverfahren für den SPU sind aktuell langwierig und verwaltungstechnisch aufwändig. Ziel des Verfahrens ist es, eine gewisse Rechtssicherheit zu haben, um rechtlich die Förderung oder den gewählten Schulort bei einer Klage abzusichern. Aus pädagogischer Sicht ist es fraglich, ob in der schulischen Inklusion immer ein so aufwendiges Verfahren gerechtfertigt ist (Meijer 1999). Bis eine Förderung mit den SchülerInnen stattfindet, kann es mehrere Monate dauern und es ist ebenso fraglich, ob alle Diagnostik- und Gutachtenprozesse für die Förderung notwendig sind. Weiterhin wird kritisiert, dass durch die Etikettierung eines SPU ein Stigma entsteht und nachteilige Konsequenzen für das Kind und das Umfeld entstehen (Hinz 2002).

Ein weiteres Problem der traditionellen Feststellung eines SPU ist, dass der Anteil der diagnostizierten SchülerInnen mit SPU im inklusiven Schulsystem immer höher ansteigt. Obwohl in der sonderpädagogischen Diagnostik lange Zeit ein eher medizinisch-kindorientierter Blick vertreten wurde, zeigen Untersuchungen den Einfluss von sozialen, umweltspezifischen und systembedingten Faktoren auf die Feststellung des SPU (Palfrey et al. 1987). Dies ist ein weltweites Problem, welches insbesondere in den Förderschwerpunkten Lernen sowie soziale und emotionale Entwicklung in den USA zu beobachten ist (Vaughn et al. 2003). Ein historischer Blick zeigt auch für Deutschland, dass die Quote des sonderpädagogischen Förderbedarfs sich von 1,6% 1955 auf 4% 1976, 5,8% 2007 und im Jahr 2018 bei 7% aller SchülerInnen mit SPU befindet (Dietze 2019). In Österreich und in der Schweiz zeigt sich ein vergleichbares Bild wie in Deutschland. Die Quote des sonderpädagogischen Förderbedarfs ist daher auch eine politische Festsetzung, und es stellt sich die Frage, ob eine andere Form der Finanzierung und Vergabe von Ressourcen (Stunden des Personals, Lernmaterial, assistive Technologien usw.) nicht schneller, präventiver und auch zielgerechter erfolgen kann handeln kann (Preuss-Lausitz 2016).

2.2 Risiko für schulische Lernschwierigkeiten

Ziel jeder Schule ist die Förderung und Ausbildung aller Kinder und Jugendlichen in den schulischen Kompetenzen, um ihnen zu beruflichem und gesellschaftlichem Erfolg zu verhelfen. Obwohl dieses Ziel seit langem besteht, gelingt dies nicht bei allen SchülerInnen. Der Anteil von SchülerInnen mit ungenügenden Basiskompetenzen in den Fächern Deutsch und Mathematik liegt je nach Land und Studie zwischen 15 bis 20% der Kinder und Jugendlichen (Hußmann et al. 2017). In der internationalen Forschung werden diese SchülerInnen als „struggling students“ oder als „at-risk students“ (Björn et al. 2016) und im deutschsprachigen Kontext als RisikoschülerInnen beschrieben. RisikoschülerInnen fällt das schulische Lernen nicht leicht. Von der Schule werden sie mit Leistungsanforderungen konfrontiert, welche sie aus einer Vielzahl von Gründen, wie mangelndem Vorwissen oder fehlender Unterstützung im Umfeld, nicht bewältigen können. Eine mögliche Folge einer unzureichenden präventiven Förderung ist somit, dass abgewartet wird, bis sich die Lernschwierigkeiten manifestieren und die Zuschreibung eines sonderpädagogischen Förderbedarfs unumgänglich wird. Huber und Grosche (2012) bezeichnen dieses Grundmuster in Anlehnung an Vaughn et al. (2003) als Wait-to-Fail-Problematik: Erst wenn ein Risikokind ein messbares Defizit zu den MitschülerInnen oder zu einer generellen Entwicklung hat, erfolgt eine Diagnostik im Sinne des SPU.

BEISPIEL

Fallbeispiel: Sprachentwicklungsstörungen als Risiko für das Lesenlernen

SchülerInnen mit entwicklungsbedingten oder erworbenen Sprachentwicklungsstörungen können in ihren lautsprachlichen, grammatischen oder semantisch-lexikalischen Fähigkeiten beeinträchtigt sein (KMK 1998). Von einer Sprachentwicklungsstörung wird ausgegangen, wenn sich Kinder innerhalb der ersten fünf Lebensjahre das sprachliche System nicht erwartungsgemäß angeeignet haben (Kannengieser 2019). Manche Kinder haben Schwierigkeiten, einzelne Laute oder ganze Wörter korrekt zu verbalisieren, anderen gelingt die Speicherung sowie der Abruf von Wortbedeutungen nicht konsequent, und wieder anderen Kindern fällt die korrekte Bildung von Wörtern und Sätzen schwer. Das Schriftsprachsystem einer Sprache baut auf dem deutlich älteren lautsprachlichen System auf, und beide Systeme hängen eng zusammen. Dies trifft ebenfalls auf die deutsche Sprache zu. Im Vorschulalter überwiegen mündliche Spracherfahrungen, die den Grundstein für die Kommunikation und Vorläuferfähigkeiten für den Schriftspracherwerb legen. Kinder mit einer Sprachentwicklungsstörung sammeln während ihrer Sprachentwicklung weniger und qualitativ geringere sprachliche Vorerfahrungen.

Ab der Einschulung instruieren Lehrkräfte ihre SchülerInnen im schriftsprachlichen Bereich, damit diese während der Grundschulzeit ausreichend gute Lese- und Schreibkompetenzen für das weitere Lernen erlangen. SchülerInnen mit Sprachentwicklungsstörungen haben im Gegensatz zu SchülerInnen ohne Entwicklungsstörung aufgrund ihrer sprachlichen Vorerfahrungen oft geringere interindividuelle Vorläuferfähigkeiten, welche den Schriftspracherwerb beeinflussen. Dazu zählen zum Beispiel die phonologische Bewusstheit, das Sprachverständnis, der Wortschatz, die Kapazität des Arbeitsgedächtnisses und der Abruf aus diesem, das Weltwissen sowie die Motivation gegenüber dem Lerngegenstand Schriftsprache (Diehl 2010). Aufgrund des engen Zusammenhangs zwischen der gesprochenen und geschriebenen Sprache wird SchülerInnen mit Sprachentwicklungsstörungen im Anfangsunterricht ein erhöhtes Risiko zur Ausbildung von Schwierigkeiten beim Lesen- und Schreibenlernen zugeschrieben. Zusätzlich erschwert wird der Lernprozess für diese SchülerInnen, wenn das schulische Lernen überwiegend sprachlich vermittelt wird, wie es zu Beginn der Grundschule meist der Fall ist.

2.3 Mehrstufige Fördersysteme

Alle SchülerInnen benötigen einen für sie passenden Unterricht mit entsprechender Förderung in der Schule, welcher auf das aktuelle Vorwissen, die Motivation und das Lerntempo der SchülerInnen eingeht. Das Lerntempo und der Lernverlauf sind unterschiedlich und es besteht die Gefahr, dass SchülerInnen mit langsameren Lernfortschritten „abgehängt“ werden. Dies geschieht schnell, wenn die unterrichtliche Förderung auf durchschnittliche SchülerInnen ausgelegt ist.

Im gegenwärtigen Schulsystem gibt es aktuell nur wenige Möglichkeiten, präventiv und schnell Förderungen anzubieten, wenn erste Lernschwierigkeiten in einzelnen Fächern auftreten. Wenn gravierende Lernschwierigkeiten dann in mehreren Fächern bestehen, wird Kontakt zur Sonderpädagogik aufgenommen. Danach beginnt ein oftmals langwieriger Weg zu einem diagnostizierten SPU. Während der Phase der Diagnostik findet häufig keine Förderung statt, sondern Arbeit und Zeit der sonderpädagogischen Lehrkraft werden für die Durchführung und Erstellung des Gutachtens benötigt (Beckstein/Sroka 2019). Es stellt sich die Frage, ob die aufwändige Erstellung des Gutachtens für alle SchülerInnen mit Lernschwierigkeiten zielführend ist oder die zeitlichen Ressourcen der sonderpädagogischen Lehrkraft in der inklusiven Schule nicht anders zu investieren sind. Eine Lösung ist die duale Gruppierung der SchülerInnen mit und ohne Unterstützungsbedarf durch ein mehrstufiges System zu ersetzen (Blumenthal 2017).

Viele Unterstützungssysteme sind durch die Finanzierungsformen auf das Erkennen von Risikogruppen ausgerichtet. Dabei wird implizit oder explizit ein Treppenstufenmodell angenommen, in dem die einzelne SchülerIn entweder einen (sonder-)pädagogischen Unterstützungsbedarf hat oder nicht. Ein Treppenstufenmodell vereinfacht den dimensionalen Charakter, um aus organisatorischer Sicht passende Förderprogramme anzubieten.

Ein **mehrstufiges Fördersystem** stellt mehrere Stufen mit unterschiedlich intensiven Fördermaßnahmen bereit. Sie können als Treppenstufenmodell verstanden werden. Je nach individuellem Unterstützungsbedarf lernen SchülerInnen mit den Angeboten einer Treppenstufe. Die Treppenstufen unterscheiden sich in der Art und im Umfang individualisierter Förderungen. SchülerInnen werden somit nicht mehr dual nach „mit und ohne SPU" gruppiert.

Der Response-to-Intervention-Ansatz (RTI) ist ein Beispiel für ein mehrstufiges Fördersystem (Blumenthal et al. 2014). Im Fokus stehen die Lernentwicklungen der einzelnen SchülerInnen. Der RTI-Ansatz stammt aus dem US-amerikanischen Forschungsraum. Es wird der Frage nachgegangen, inwiefern die Förderung zur Erreichung des Lernziels wirkt (Fuchs/Fuchs 2006). Zur Beantwortung dieser Frage werden die Lernentwicklungen der SchülerInnen mit der LVD mittels formativer Beobachtungs- und Testdaten im Längsschnitt begleitet und evaluiert. Für die Evaluierung der aktuellen Förderentscheidungen werden also mehrere Messungen und Informationen während des Lernprozesses erhoben, da zwei Prä-Post-Messungen mit normierten Schulleistungstests für didaktische Entscheidungen eine unzureichende Datengrundlage (Fuchs et al. 1983) darstellen (Kap. 4). Anschließend werden auf Grundlage der Daten Entscheidungen über mögliche Anpassungen in der Förderung getroffen. Vaughn et al. (2003) sehen gerade in der Verwendung der Daten zur Lernentwicklung den generellen Paradigmenwechsel weg von der Feststelldiagnostik hin zur Förderdiagnostik. Im RTI-Ansatz besteht der Anspruch, möglichst viel Zeit für die Förderung, deren Dokumentation und Teamentscheidungen für den weiteren Verlauf aufzubringen.

Um dies zu ermöglichen, ist der RTI-Ansatz mehrstufig konzipiert. Das Ebenensystem reicht von der regulären Unterstützung über mehrere Ebenen bis hin zu einer besonderen Unterstützung für die einzelne SchülerIn. Pro Ebene steigt die Intensität der Unterstützung und die Förderung wird mehr durch die Lehrkraft gesteuert, systematischer, direkter und häufiger (Fuchs/Fuchs 2006). Je höher die Förderebene, desto mehr Ressourcen erhalten die SchülerInnen.

Auf den hohen Förderebenen ist daher eine Prüfung der Lernentwicklung und der Wirksamkeit der Förderung unumgänglich, um die verteilten Ressourcen gezielt einzusetzen. Transparenz und Nachvollziehbarkeit in Bezug auf die Ressourcenverteilung und Förderung sind ein wichtiger Baustein des RTI-Ansatzes. Das Ziel des RTI-Ansatzes ist, dass SchülerInnen die Intensität der Förderung erhalten, die sie benötigen. Eine Gelingensbedingung stellt die Durchlässigkeit zwischen den Förderebenen dar. Sie zeichnet sich dadurch aus, dass die SchülerInnen bei Bedarf in eine höhere Förderebene aufsteigen und gleichzeitig bei erloschenem Bedarf wieder in eine niedrigere Förderebene absteigen können. Dafür ist es notwendig, dass die Diagnostik zur Vergabe der Ebenen ökonomisch und auf die Förderung bezogen ist. Daher sind die Stufen meist direkt auf einen Lern- oder Förderbereich bezogen, wie beispielsweise Deutsch, Mathematik oder die emotionale und soziale Entwicklung.

Die **Förderebene 1** im RTI-Ansatz ist der reguläre Unterricht. Dieser ist forschungsbasiert und inklusionsorientiert. Er wird von der Regelschullehrkraft ohne zusätzliche Ressourcen gestaltet. Um zu evaluieren, ob eine angemessene Passung von Unterrichtsvermittlung und individuellem Leistungszuwachs herrscht, finden in halbjährlichem Abstand Messungen des Lernfortschritts statt. Dafür werden summative Kompetenztests und Screenings durchgeführt. Ziel dieser Überprüfungen ist das Identifizieren von SchülerInnen auf Förderebene 1 mit Lernschwierigkeiten oder Lernlücken. Diese identifizierten SchülerInnen werden dann zeitlich befristet auf Förderebene 2 adaptiv gefördert.

Die **Förderebene 2** nehmen bis zu 20% der SchülerInnen in Anspruch. Diese zweite Förderebene richtet sich also an RisikoschülerInnen, die nur vorübergehend Unterstützung zur Kompensation von milden Lernlücken in gewissen Lernbereichen oder Themen benötigen. In kleineren Gruppen wird ihnen zusätzliche Hilfe durch eine systematischere und kleinteiligere Förderung angeboten. Ziel dieser Ebene ist es, milde Lernlücken schnell zu schließen, bevor die Motivation der SchülerInnen darunter leidet und sich Schwierigkeiten manifestieren. Verantwortlich für die Förderebene 2 ist ebenfalls die Regelschullehrkraft, die eng mit der sonderpädagogischen Lehrkraft kooperiert. Ab der zweiten Förderebene werden die weiteren Leistungsentwicklungen und das Erreichen der Förderziele mittels formativer Förderdiagnostik engmaschig begleitet. Wenn die Förderung auf der zweiten Ebene nicht zum Erreichen der gesetzten Lernziele führt, wird auf der dritten Förderebene eine individualisierte Förderung für diese SchülerInnen initiiert.

Die **Förderebene 3** ist für ein bis fünf Prozent der SchülerInnen ausgelegt. Bei diesen SchülerInnen werden manifeste Schulprobleme erwartet. Die Verantwortung hinsichtlich der Förderebene 3 liegt bei sonderpädagogischen Lehrkräften (Blumenthal 2017).

Exkurs: Rügener Inklusionsmodell

In Deutschland verbreitet sich der RTI-Ansatz langsam, aber kontinuierlich (Blumenthal et al. 2014). Ein nationales Anwendungsbeispiel stellt das Rügener Inklusionsmodell (Blumenthal 2017) dar. Im Rügener Inklusionsmodell werden an allen zwölf Grundschulen der Insel Rügen die drei Ebenen des RTI-Modells in den vier Lernbereichen Deutsch, Mathematik, Sprache sowie emotionale und soziale Entwicklung umgesetzt und evaluiert (Hartke 2017). Hervorzuheben ist, dass für die Umsetzung des Projekts keine zusätzlichen Gelder zur Realisierung der Förderebenen verwendet werden. Die zur Verfügung stehenden Fördermittel der Schulen und des Schulbezirkes wurden für die Einführung des Rügener Inklusionsmodells neugebündelt und systematisiert. Ohne die Einführung des Rügener Inklusionsmodells wären die vorhandenen Gelder in eine Vielzahl von Einzelprojekte geflossen (Voß et al. 2016a). Erste Evaluationen des Rügener Inklusionsmodells konnten pädagogische Erfolge nachweisen (Voß et al. 2016a; Voß et al. 2016b). International realisieren die USA und Finnland ein mehrstufiges Fördersystem nach dem RTI-Ansatz in den regulären Schulen. In Finnland wurde die Umsetzung 2010 mit dem Basic Education Act beschlossen und umgesetzt (Björn et al. 2016). Ziel des formalisierten mehrstufigen Fördersystems ist eine verbesserte und bedarfsgerechte Verteilung der Ressourcen (Björn et al. 2018). Generell kann ein RTI-Ansatz auch ohne den Einsatz einer formativen Förderdiagnostik umgesetzt werden. Allerdings erhöht eine Verknüpfung der LVD mit der schulischen Förderung sowie eine Implementierung einer Förderstruktur in den Schulalltag und die Schulorganisation die Effektivität und Wirksamkeit des Ansatzes. Für weitere Informationen zur Anwendung des RTI-Ansatzes und seiner Umsetzung wird die weiterführende Literatur oder die Beschreibungen des Rügener Inklusionsmodells auf der Internetseite empfohlen.

Hartke, B. (Hrsg.) (2017): Handlungsmöglichkeiten Inklusion: Das Rügener Inklusionsmodell. Kohlhammer, Stuttgart

Universität Rostock (2020): Rügener Inklusionsmodell (RIM) – Prävention und Integration im RTI-Paradigma. In: www.rim.uni-rostock.de

Kuhl und Hecht (2014) sprechen sich für den deutschsprachigen Raum für die Implementierung des RTI-Ansatzes im Kontext einer inklusiven Schulentwicklung aus. Allerdings geben sie zu bedenken, dass eine vollständige Umsetzung aufgrund fehlender Diagnoseinstrumente und der derzeit in der deutschen Schullandschaft vorhandenen Strukturen nicht leistbar wäre. Kuhl und Hecht plädieren daher insbesondere für die Implementierung der präventionsorientierten Förderung auf den Ebenen 1 und 2. Im RTI-Modell bekommen alle SchülerInnen Unterstützung. Durch die zusätzliche Förderebene 2 wird eine große Zahl an SchülerInnen individuell zeitlich befristet in einzelnen Bereichen unterstützt. Der Prozess der Diagnostik und auch der verschiedenen Förderungen wird organisatorisch in der Schule verankert. Die einzelnen Prozesse zur Erkennung von Lernschwierigkeiten und deren Unterstützung werden im Unterrichtsalltag implementiert.

2.4 Von der Feststelldiagnostik zur Förderdiagnostik

Eine gute Schule passt Unterrichtsinhalte, Sozialformen und Lernmethoden an den Entwicklungsstand und die Lernmöglichkeiten der SchülerInnen an, um die Zugänglichkeit zu Unterrichtsinhalten und Teilhabe zu ermöglichen. Eine individuelle Identifikation der Lernausgangslagen ist eine notwendige Bedingung für das Konzept der individuellen Förderung und des adaptiven Unterrichts (Wember 2015). Die Diagnostik hat die Aufgabe, das individuelle Lernen zu optimieren (Jürgens / Lissmann 2015). Dazu zählt die Feststellung der Voraussetzungen des Lernens, der Lernprozesse selbst und der Ergebnisse des Lernens. Im sonderpädagogischen Kontext bezieht sich dies auf die Identifikation von schulischen Lernschwierigkeiten, die Festlegung konkreter Förderziele, die Ableitung für präventive und, falls benötigt, vertiefte sonderpädagogische Unterstützung sowie deren Evaluation (Bundschuh / Winkler 2014). Hierbei werden zwei mögliche Formen der sonderpädagogischen Diagnostik unterschieden: die summative Feststelldiagnostik und die formative Förderdiagnostik (KMK 2019).

Die **Feststelldiagnostik** ist eine differenzielle Diagnostik des Status Quo und hat die Aufgabe, SchülerInnen für bestehende pädagogische Programme oder Ressourcen, wie einen Unterstützungsbedarf, zu identifizieren. Sie wird als summativ bezeichnet, da aus ihren Ergebnissen ein abschließendes und zusammenfassendes Bild über die Summe der erworbenen Kompetenzen resümiert wird.

Die Feststelldiagnostik hat eine lange Tradition in der Diagnostik des sonderpädagogischen Förderbedarfs. Diese Form der Diagnostik mit einem Gutachten wurde verwendet, um einerseits den Schulort für SchülerInnen mit SPU zu begründen und andererseits die Notwendigkeit der finanziell besseren Ausstattung der Schule durch den besonderen Bedarf der SchülerInnen zu legitimieren. Anhand der Gutachten können Außenstehende und auch Gerichte diese Entscheidungen nachvollziehen. Die Empfehlung für den sonderpädagogischen Schwerpunkt Lernen (KMK 2019) bezeichnet eine solche Diagnostik zur Identifizierung für eine besondere Unterstützung als „Feststelldiagnostik". Breitenbach (2019) nennt diese Form der Diagnostik eine „Platzierungsdiagnostik".

Die Förderdiagnostik dagegen hat die Aufgabe, ein zukünftiges individuelles Förderziel festzulegen und die Förderung prozessorientiert zu begleiten und auch zu evaluieren. Sie wird als formativ beschrieben, da die diagnostischen Ergebnisse fortlaufend gesammelt und auf die Gestaltung der Förderung übertragen werden. Während die Feststelldiagnostik somit einmalig ist und mit einem Gutachten endet, ist die Förderdiagnostik ein Prozess bestehend aus mehreren Teilschritten, welcher erst mit dem Erreichen des Förderziels endet.

Die **Förderdiagnostik** optimiert das Lernen. Sie misst die Lernentwicklung während des Lernprozesses mit Hilfe von formativen Verfahren wie der Lernverlaufsdiagnostik. Sie hat die Aufgabe, ein Förderziel festzulegen und das Erreichen begleitend zu evaluieren.

Im inklusiven Schulsystem steht die Förderdiagnostik im Vordergrund, um das schnelle Erkennen von Unterstützungsbedarfen sowie die Zuweisung von zusätzlichen Ressourcen zu begründen. Die Förderdiagnostik optimiert das Lernen und benötigt daher eine gute Passung zwischen der Diagnostik und Förderung (Heimlich et al. 2005). Sie fokussiert die Stärken und Schwächen der SchülerInnen, berücksichtigt das schulische und häusliche Umfeld und ermöglicht eine wahrscheinliche Vorhersage der zukünftigen Lernentwicklung. Durch die Verknüpfung von Förderung und Diagnostik ermöglicht sie die Ableitung von konkreten Förderzielen und liefert im optimalen Fall Lehrkräften Ansatzpunkte zur Förderplanung.

Das Vorgehen der Förderdiagnostik ist inzwischen in der Empfehlung zum Förderschwerpunkt Lernen der Kultusministerkonferenz (KMK 2019) festgeschrieben. Die KMK schlägt vor, dass der Bedarf an SPU im Bereich Lernen kein dauerhafter Status mehr ist, welcher einmalig zugewiesen wird. Der neue

Schwerpunkt ist die Förderdiagnostik in Bezug auf die Förderplanung, deren Durchführung und Evaluation. In der Empfehlung steht:

> *„Die Planung individueller sonderpädagogischer Bildungsangebote ist gekennzeichnet durch Prozesse der Diagnostik, Intervention und Evaluation. Eine regelmäßige Überprüfung der Wirksamkeit, ihre Aktualisierung und die Reflexion des Erreichten sind im Hinblick auf Nachhaltigkeit und Sicherung der Ergebnisse zwingend erforderlich" (KMK 2019, 12).*

Die Förderplanung wird als eine kontinuierliche Entwicklung der Planung individueller Bildungsangebote beschrieben (Gebhardt/Jungjohann 2020a). Theoretisch wird bisher auch nach der Zuweisung eines sonderpädagogischen Förderschwerpunkts gefordert, dass dieser Status überprüft werden muss. Meist wurde der Status mit einer weiteren Feststelldiagnostik zu einem späteren Zeitpunkt mit normierten Schulleistungstests begründet und seltener mit formativer Diagnostik die einzelnen Interventionen auf ihre Wirksamkeit überprüft. Eine Evaluation mit einem weiteren breiten Statustest kann jedoch häufig nicht den Lernerfolg evaluieren, da die Tests nach Alter und Klassenstufe genormt sind und andere Aufgaben beinhalten. Es werden die normierten Werte (z. B. die T-Werte) verwendet und der Ist-Stand im Vergleich zur Normgruppe beleuchtet.

In der sonderpädagogischen Praxis bedeutet dieser soziale Vergleich meist, dass die Vergleichsgruppe besser ist oder auch mehr gelernt hat. Somit werden nicht die erreichten Lernziele und -erfolge evaluiert, sondern das Lerndefizit. Hier fordert die KMK Empfehlung (2019) ein Umdenken im Einsatz der Diagnostik. Formative Diagnostik, welche die Lernfortschritte misst und direkt rückmeldet, umfasst demzufolge die empfohlenen Instrumente, um die Wirksamkeit der sonderpädagogischen Maßnahme zu prüfen.

In der sonderpädagogischen Diagnostik steht nicht mehr die Feststellung des Status eines SPU mit einer Feststelldiagnostik zu mehreren Lern- und Kompetenzbereichen im Vordergrund, sondern das Aufbringen weiterer Ressourcen für die Förderdiagnostik und die Förderplanung. Dies bedeutet, dass das Festsetzen der Lernziele sowie deren Erreichen die wesentlichen Merkmale des sonderpädagogischen Arbeitens sind. Im Vergleich zur bisherigen Praxis wird wesentlich weniger Gewicht auf die Feststelldiagnostik und mehr Gewicht auf die Förderdiagnostik sowie deren Evaluation gelegt.

Die Feststelldiagnostik und die Förderdiagnostik ergänzen sich und sind vom Konzept miteinander verbunden. Abb. 3 visualisiert den Prozess von der Feststelldiagnostik (hellgraue Felder) und der Förderdiagnostik (dunkelgraue Felder). Die Feststelldiagnostik beinhaltet das Erfassen des Anlasses, die Durchführung einer Statusdiagnostik, die Feststellung des sonderpädagogischen Förderbedarfs, das

Schreiben des Fördergutachtens und das Benennen der zukünftigen Förderziele. Die Prozesse der Förderdiagnostik sind im unteren Teil abgebildet. Die Feststelldiagnostik und die Förderdiagnostik sind über die Förderziele und deren Überprüfung verbunden (Übergang zwischen hell- und dunkelgrauer Färbung). Zur Förderdiagnostik zählen die Schritte Festlegung des Förderziels, Durchführung der Förderung sowie dessen Evaluation mittels LVD.

> Die **Statusdiagnostik** misst umfassend und im breiten Umfang zu einem Messzeitpunkt den aktuellen Lernstand und mit dem Lernstand wichtige Faktoren (z.B. Motivation, Wohlbefinden) von SchülerInnen. Daher beinhaltet eine Feststelldiagnostik immer eine Statusdiagnostik.

Für die Förderdiagnostik ist es wesentlich, dass die Förderziele für alle Beteiligten überprüfbar, transparent und sinnvoll sind. Je genauer sie zum Kind passen und je mehr Beteiligte die Förderziele kennen, unterstützen und an deren

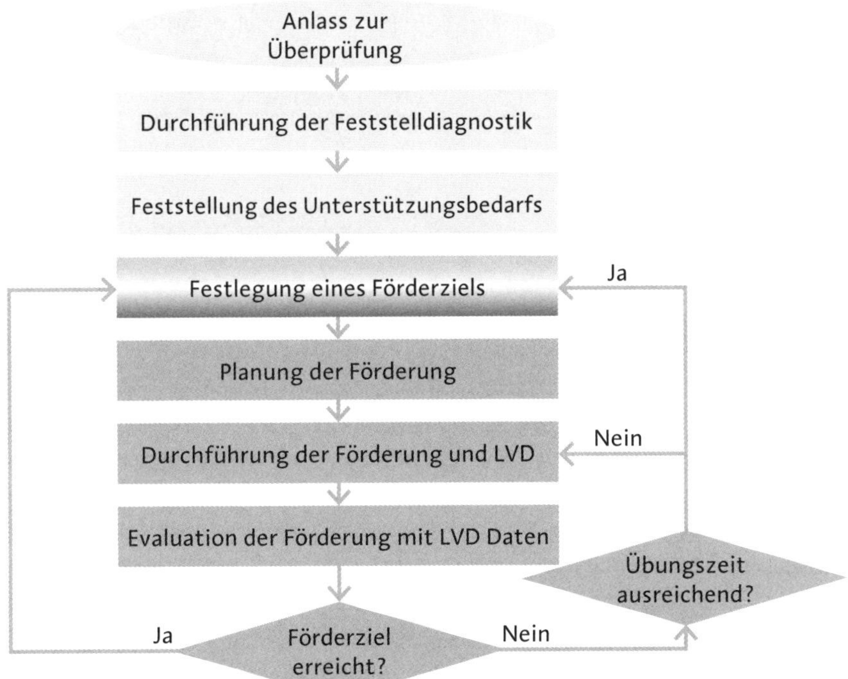

Abb. 3: Prozessschema von der Feststelldiagnostik zur Förderdiagnostik

Umsetzung positiv mitarbeiten, desto effektiver ist die Förderung. Ebenso wird angegeben, in welchem zeitlichen Rahmen die Förderung stattfindet und wann eine Erreichung des gesetzten Förderziels erwartet wird (Bundschuh/Winkler 2014). Nach der Festlegung der Förderziele beginnt in der traditionellen Förderdiagnostik die (summative oder formative) Evaluation der Förderziele (Kornmann 2007). Die SchülerIn und die Lehrkraft arbeiten gemeinsam an der Erreichung des Förderziels (Gebhardt et al. 2015c). Damit die Lernentwicklung gut auf der Grundlage der Lernverlaufsdaten eingeschätzt werden kann, ist die Erhebung der Ausgangsentwicklung in der Baseline-Phase mit der LVD notwendig. Die Baseline besteht aus mehreren Messungen eines Lernverlaufstests. Unter Berücksichtigung der Baseline legt die Lehrkraft ein konkretes Förder- bzw. Lernziel fest, welches die SchülerIn mithilfe der Förderung erreichen soll.

Es wird empfohlen, evidenzbasierte Fördermaßnahmen umzusetzen und die Förderplanung datenbasiert auszugestalten (Voß et al. 2016a). Nach dem RTI-Modell wird während des Lernprozesses die Lernentwicklung der SchülerInnen dokumentiert. Daher wird vor, während und im optimalen Fall auch nach der Förderung in regelmäßigen Abständen ein Test der LVD eingesetzt. Mithilfe der erhobenen Daten wird der Lernverlauf evaluiert. Sowohl bei einem unerwarteten und langsamen Lernverlauf als auch bei einem erwarteten Lernfortschritt kann eine Adaption der aktuellen Förderung notwendig sein. Die Lernverlaufsdaten können ebenfalls zeigen, dass das Förderziel erreicht wurde und ein neues oder anderes Förderziel vereinbart werden kann.

3 Formative Diagnostik

In vielen Ländern wird das Repertoire an klassischer Statusdiagnostik durch Instrumente zur formativen Diagnostik erweitert. Formative Tests messen zu mehreren Zeitpunkten einen Verlauf und melden die Ergebnisse unmittelbar zurück. Die formative Diagnostik misst für die Unterstützung des Lernens und nicht, um das Lernergebnis zu messen. Der Begriff der formativen Diagnostik bzw. des formativen Assessments ist ein Oberbegriff, der verschiedene Konzepte und Forschungsrichtungen umfasst.

3.1 Curriculum-Based-Measurement

Deno (1985) entwickelte mit seinem Team die ersten Tests und bezeichnete diese Testform als aufstrebende Alternative, welche die Vorteile eines standardisierten Schulleistungstests und einer informellen Beobachtung der Lernentwicklung vereint. Curriculum-Based-Measurements (CBM) wurde aus der Idee heraus entwickelt, für sonderpädagogische Lehrkräfte ein einfaches und gut anwendbares Instrument zu schaffen, welches insbesondere die schulischen Leistungen von SchülerInnen mit Lernproblemen misst. Die Namensgebung von CBM entstand durch die Ausrichtung und Verankerung der Tests durch das Curriculum. Durch die standardisierte Beobachtung der schulischen Leistung und der Verzahnung mit dem Curriculum wurde es nach Ansicht von Deno damals erstmals möglich, reliable Messungen durchzuführen und Daten über die Lernentwicklung, über die Förderplanung sowie über die Effektivität des sonderpädagogischen Unterstützungssystems an sich zu bekommen. Der hohe Anspruch an die Instrumente, sowohl das Lernen in der Schule zu messen als auch über die didaktischen Entscheidungen eine Bewertungsgrundlage zu haben, bestand daher schon seit der ersten Stunde der CBM-Entwicklung. Der eigentliche Zweck der CBM ist es, die Förderplanung mit Hilfe von formativer Diagnostik weiterzuentwickeln (Tindal 2013) und somit die schulische Situation eines Kindes zu evaluieren und zu verbessern. Die Instrumente müssen daher für den Einzelfall anwendbar und reliabel sein.

Das Ziel der ForscherInnen um den Begründer der CBM-Tests Stanley Deno war es, möglichst nah am Curriculum mit standardisierten Tests vorzugehen.

In diesem Zusammenhang ist zu fragen, inwieweit das aktuelle Lernen im Unterricht dem Curriculum folgt und ob nicht ein (wirklich) curriculumsbasierter Test von der Lehrkraft selbst nach den Lerninhalten ihrer letzten Stunden erstellt werden müsste (Klauer 2014). Die ersten CBM-Tests waren eng an die Inhalte einzelner, tatsächlich durchgeführter Schulstunden gebunden (Tindal 2013). Dazu wurden zwei Formen konstruiert: das Mastery Monitoring und die General Outcome Measures. Mastery Monitoring (Tindal 2013) oder auch Mastery Measures (Hosp et al. 2007) beobachtet, wann SchülerInnen ein Fach meistern. Die Aufgaben bestehen aus mehreren kurzfristigen Lernabschnitten eines Faches, deren Inhalte unterrichtet wurden. Es wird beobachtet, wann die Lernleistung der SchülerIn die festgesetzten Inhalte erfüllt bzw. übertreffen wird. Eine Darstellung der Ergebnisse erfolgt hier meist in Lernblöcken, welche beispielsweise grün markiert werden, wenn sie erfolgreich gelöst wurden (Maier 2014). Der Fokus des Mastery Monitoring ist auf die verschiedenen Lerninhalte und deren Erlernen gerichtet. Im Gegensatz dazu ist der Ansatz der General Outcome Measures auf das Lernziel gerichtet. Dieses Lernziel ist in der Regel ein langfristiges Ziel, welches zumeist im individuellen Förderplan von SchülerInnen verankert ist. Die Ergebnisse von General Outcome Measures werden als Kurven in einem Punktediagramm mit Steigungen dargestellt (Tindal 2013). Um die Unterrichtsnähe der Tests zu gewährleisten, entwarfen Lehrkräfte CBM-Aufgaben selbst und setzen sie im Unterricht ein. Meist sind die von Lehrkräften selbsterstellten Tests weder vergleichbar und noch reliabel. Trotzdem wird dieser Ansatz in praxisnahen Werken als ein möglicher Weg beschrieben, da auch unreliable formative Tests besser sind wie keine formative Diagnostik (Käter et al. 2016).

Vorwiegendes Ziel aller CBM-Tests ist das Messen der Lernentwicklungen von RisikoschülerInnen, um ihnen zu einem gelingenden Lernverlauf und zum Erreichen des gesetzten Lernziels zu verhelfen (Deno 2003a). Der gemessene Lernverlauf muss daher langfristig und kontinuierlich im Unterricht stattfinden und für die weitere schulische Karriere von essenzieller Bedeutung sein. Der Artikel von Deno (1985) erschien in der Zeitschrift Exeptionell Children, eine der großen Fachzeitschriften der Sonderpädagogik in den USA, und verbreitete damit stark die Bekanntheit von CBM. Wichtige Kernfragen bestehen seitdem:

- Wie beobachten Lehrkräfte schulische Leistungen und das Erreichen der Lernziele?
- Welche didaktischen Entscheidungen treffen die Lehrkräfte im Alltag?
- Welches Feedback wird bei Verbesserungen gegeben? (Deno 1985)

3.2 Lernverlaufsdiagnostik

Der Begriff der Lernverlaufsdiagnostik (LVD) ist inzwischen im deutschsprachigen Raum etabliert. Das Forschungsfeld der LVD wurde in Fachzeitschriften durch einen deutschsprachigen Beitrag von Josef Klauer (2006) erstmalig vorgestellt. Seitdem widmen sich mehrere Arbeitsgruppen dem Forschungsfeld der LVD und prägten in der Anfangszeit verschiedene Begriffe, bevor sich der Begriff LVD durchsetzte. Erste verwendete Begriffe waren Lernfortschrittsmessung (Klauer 2006, Diehl/Hartke 2007), Lernfortschrittsdiagnostik (Walter 2010b) und Lernverlaufsmessung (Gebhardt et al. 2016). Den Begriff LVD benutzten erstmals Strathmann und Klauer (2010) sowie Wilbert und Linnemann (2011). Klauer (2011) diskutierte die verschiedenen Begriffe und begründete den Namen LVD. Nach seiner Argumentation ist ein Lernfortschritt in empirischen Studien und auch im schulischen Feld nicht immer gegeben oder erkennbar. Aufgrund einer Vielzahl von schulischen (z. B. Unterrichtsausfall, unbehandeltes Thema, schlechter Unterricht) oder individuellen Gründen (z. B. persönliche Probleme, Motivationsschwierigkeiten, unverstandener oder vergessener Inhalt) kann es auch zu einer Stagnation oder gar einer niedrigeren Leistung bei wiederholenden Tests kommen. Neben einem Lernfortschritt sind daher auch Lernstagnation oder gar Lernverluste beobachtbar. Der Name LVD berücksichtigt alle möglichen Lernverläufe. Durch den Sammelband ‚Lernverlaufsdiagnostik' von Hasselhorn et al. (2014) festigte sich der Begriff LVD. Aktuell findet sich der Begriff LVD in den meisten Publikationen als Titel oder Schlagwort wieder. Viele WissenschaftlerInnen stellen in ihren Beiträgen ihre Ansätze zur Testkonstruktion sowie ihre Messinstrumente vor. Voß und Gebhardt (2017) erweitern den Begriff LVD zum Begriff Verlaufsdiagnostik, um neben dem Bereich Lernen auch den Bereich Verhalten und soziale Kompetenzen mit zu berücksichtigen.

Das zweite Kompositum des Begriffs LVD ist Diagnostik. Alternativ könnte von einer Lernverlaufsmessung gesprochen werden, da das Messverfahren so in den Vordergrund gestellt wird. Gebhardt et al. (2016) wählten den Begriff Lernverlaufsmessung, um sich von statusorientierten Tests, Screenings sowie von einer differenziellen Diagnostik abzugrenzen. Das Ziel der Abgrenzung war es, den individuellen Verlauf bzw. die individuelle Bezugsnorm der neuen Instrumente zu betonen. Kritisch ist zu sehen, dass der Begriff der Messung relativ allgemein und in der Pädagogik nicht mit weiteren Vorgaben oder Annahmen verbunden ist. Der Begriff Diagnostik dagegen ist mit der Verwendung und Einhaltung der Gütekriterien verbunden und fachwissenschaftlich definiert. So hat die pädagogische Diagnostik im schulischen Kontext die Aufgabe, das individuelle Lernen zu optimieren, das heißt die Voraussetzungen des Lernens, die

Lernprozesse und die Ergebnisse des Lernens festzustellen (Jürgens/Lissmann 2015). Ähnlich wie bei summativen Schulleistungstests, welche zur Feststellung des Ist-Standes normiert und geprüft sind, benötigt die LVD ebenfalls eine Prüfung nach den Gütekriterien, um die Leistungen der SchülerInnen über die Zeit reliabel erfassen und vergleichen zu können.

> Der deutsche Begriff **Lernverlaufsdiagnostik** hat sich als Name in der Wissenschaft und Praxis durchgesetzt. Der Teilbegriff „Lernverlauf" impliziert, dass neben Lernfortschritten ebenfalls Lernstagnationen und Lernverluste beobachtet werden. Der Teilbegriff „Diagnostik" betont die Verwendung und Einhaltung der wissenschaftlichen und psychometrischen Gütekriterien.

Die deutschsprachige Forschung zur LVD beruft sich zum überwiegenden Teil auf die Entwicklung der CBM-Tests (Klauer 2014). Der Name CBM betont dabei die curriculare Verankerung der Testinhalte. Diese Verankerung ist allerdings bei vielen deutschsprachigen Tests der LVD nur eingeschränkt gegeben. Daher setzte sich im Deutschen der Begriff LVD durch und der Begriff CBM wurde meist nur als Zusatz mitübernommen, um die Richtung der Diagnostik zu verdeutlichen. Die ersten deutschsprachigen Lernverlaufstests wurden vorwiegend als gruppenbasierte Tests für Papier und Bleistift entwickelt und veröffentlicht.

Aufgrund der zunehmend vorhandenen technischen Ausstattungen in Schulen und Vorteilen in der Anwendung wurden digitale Tests für Computer sowie Onlineplattformen mit webbasierten Tests für Tablets oder PCs mit Internetanschluss entwickelt. Für die LVD in der Praxis werden die Testinstrumente nach der ersten Pilotierung meist mehrfach überarbeitet und dann erst veröffentlicht. Es besteht somit ein Unterschied, zu welchem Zweck und in welcher Form ein Instrument vorliegt.

Eine LVD wird entweder von Teilen der Statusdiagnostik abgeleitet, indem die Statusdiagnostik für den Gebrauch als LVD modifiziert und erweitert wird oder alternativ nach bestimmten Regeln konstruiert (Thurber et al. 2002). Viele Forschungsbefunde beziehen sich auf neue Tests oder Tests, welche für die Forschung konzipiert wurden. Die Verwendung von etablierten Instrumenten in der Forschung ist selten, da diese aufgrund von Urheberrechten nicht verwendet oder modifiziert werden dürfen. Insbesondere Test von PraktikerInnen sind nicht frei veröffentlicht und somit weder für Forschung noch Praxis zugänglich. Wissenschaftliche Tests, die von ForscherInnen an Universitäten

Tab. 1: Auswahl deutschsprachiger Verfahren und Plattformen mit LVD in alphabetischer Reihenfolge

Lernverlaufs-diagnostik	kosten-frei	Digitalität	Zielgruppe	Fachbereich	Internet-seite/Verlag
Lernverlaufs-test CODY-LM (Cody-M 2-4)	nein	webbasiert	spezifische Lernschwierigkeiten/Grundschule	Mathematik	meistercody.de
Lernfort-schrittsdiagnostik Orthographie (LDO)	nein	computerbasiert	Klassenstufe 2 und 3	Rechtschreiben	Hogrefe
Lernfort-schrittsdiagnostik Grundrechenarten	nein	nein [computerbasierte Dokumentation und Auswertung per CD]	Klassenstufe 1–4	Grundrechenarten	Persen
Lernlinien	ja	webbasiert	sonderpädagogische Förderung/Grundschule	Lesen, Rechtschreiben Verhalten, Mathematik,	https://www.lernfortschritts-dokumentation-mv.de/_lernlinie/
Lernfort-schrittsdiagnostik Lesen (LDL)	nein	nein	Grund-, Haupt- und Förderschulunterricht	Leseflüssigkeit	Hogrefe
Levumi	ja	webbasiert	Lernschwierigkeiten in Grund- und Sekundarschule	Mathematik, Deutsch, Verhalten	Levumi.de
Lernverlaufs-diagnostik – Mathematik für zweite bis vierte Klassen (LVD-M 2-4)	nein	nein [computerbasierte Generierung der Parallelversionen und Auswertung per CD]	Klassenstufe 2 bis 4	Rechenfertigkeit	Hogrefe
Verlaufsdiagnostik sinnerfassendes Lesen (VSL)	nein	analog und computerbasiert	Klassenstufe 2 bis 6, LRS-Förderung	Leseverständnis	Hogrefe
Quop	nein	webbasiert	Klassenstufe 1 bis 6	Lesen, Mathematik, Englisch	quop.de

(mit-)entwickelt wurden, sind meist zugänglicher. Ihre Ergebnisse und die psychometrischen Kennwerte sind vorrangig in Form von Artikeln oder Forschungsberichten veröffentlicht. In Tab. 1 ist eine Auswahl deutschsprachiger LVD-Verfahren dargestellt, die für die Praxis zugänglich sind. Diese Verfahren werden in den fachlichen Kapiteln Lesen, Rechtschreiben und Mathematik näher beschrieben.

4 Ansätze der Lernverlaufsdiagnostik

Das Ziel jeder LVD ist die Darstellung individueller Lernverläufe (Börnert 2014). Dafür benötigt jede LVD mehrere parallele Testversionen, die untereinander vergleichbar sind und reliabel messen. Eine LVD kann zu unterschiedlichen Inhalten, Beobachtungsspannen und auch auf verschiedene Weisen konstruiert werden. Um in der Schule für einen konkreten Einsatzzweck eine passende LVD auszuwählen, hilft es, die dahinterliegende Testkonstruktion zu kennen und zu verstehen. Sie und ihre Evaluation verraten, wie gut ein Test welche Lernentwicklungen über welchen Zeitraum reliabel messen kann. Zusätzlich stellt sich auch die Frage, was für ein gelingendes Verfahren im Rahmen der LVD konkret beobachtet werden soll, um einen Rückschluss auf das Lernen eines Kindes zu erlauben.

! Die **Auswahl einer Lernverlaufsdiagnostik** für einen spezifischen Einsatz (z.B. für eine bestimmte Lerngruppe oder ein Forschungsprojekt) erfolgt über die Testkonstruktion und ihre Evaluation. Die Testkonstruktion gibt Aufschluss darüber, über welchen Zeitraum eine Lernverlaufsdiagnostik wie häufig reliabel eingesetzt werden kann. Der gewählte Ansatz der Testkonstruktion verrät zudem, ob Ableitungen von didaktischen Förderhinweisen möglich sind.

Die Konstruktion einer LVD ist ein besonders komplexes Verfahren. Eine LVD muss fachdidaktische, pädagogische und psychometrische Eigenschaften vereinen, um Lernverläufe sinnvoll und über viele Zeitpunkte hinweg reliabel abzubilden. Insbesondere die Anwendbarkeit und die psychometrischen Testgütekriterien können bei der Testkonstruktion nur schwer vereint werden. Konkret wird die Testentwicklung dadurch herausgefordert, dass die Lehrkräfte den Test verstehen, anwenden und interpretieren können, dass die Tests ohne viel Aufwand im Unterricht einsetzbar sind und dass die Messungen reliabel und fair sein müssen (Gebhardt et al. 2015a). Während die Reliabilität sich auf den gesamten Test bezieht, bezeichnet die Fairness, dass auch einzelne Gruppen ähnlich gut gemessen werden.

4.1 Robuste Indikatoren und Curriculum-Sampling

Zu den wichtigsten Konstruktionsansätzen der LVD zählen das Prinzip der Robusten Indikatoren und das Prinzip des Curriculum-Sampling. Beide Prinzipien existieren bereits seit Beginn der Forschung zur CBM-Testentwicklung, wurden mehrfach überarbeitet und bilden noch immer die Grundlage viele aktueller deutschsprachiger Lernverlaufstests.

Den ersten Meilenstein in der formativen Testentwicklung stellen die fünf **amerikanischen CBMs zur Messung der Lesekompetenz** dar. Sie wurden für den Einsatz in der schulischen Praxis entworfen und ihre Bearbeitungszeit beträgt jeweils eine Minute (Deno et al. 1982a, b):

1. **Lesen von Wortlisten**: Aus einem Pool mit häufigen Grundschulwörtern wurden Listen mit je 60 zufälligen altersgerechten Wörtern ausgewählt und als Liste mit zwölf Zeilen mit je fünf Wörtern gedruckt. Die SchülerInnen lesen so viele Wörter wie möglich laut vor.
2. **Lesen von Wörtern im Kontext**: Texte mit je 600 Wörtern wurden zufällig aus dem Anfang, der Mitte und dem Ende eines Lesebuches entnommen und mit einem schwierigkeitsprüfenden Leseindex überprüft. Jedes fünfte Wort wurde unterstrichen und nur die unterstrichenen Wörter werden vorgelesen.
3. **Mündliches Lesen:** Texte mit je 300 Wörtern wurden wie beim Lesen von Wörtern im Kontext aus altersgerechten Lesebüchern ausgewählt und auf eine vergleichbare Schwierigkeit hin verglichen. Bedeutsam ist hier jedoch zusätzlich, dass es sich stets um Anfangspassagen einer Geschichte handelte. Die SchülerInnen lasen die gesamte Passage vor.
4. **Lückentest für sinnkonstruierendes Lesen:** Zusammenhängende Texte mit je 300 Wörtern wurden aus altersgerechten Lesebüchern ausgewählt. Der erste und letzte Satz des Texts wurden komplett übernommen. Bei den anderen Sätzen wurde jedes fünfte Wort durch eine leere Lücke ersetzt. Die Lücken sollte von den SchülerInnen ohne Unterstützung schriftlich gefüllt werden.
5. **Erklären der Wortbedeutung**: In zusammenhängenden Texten mit je 300 Wörtern wurde jedes fünfte Wort unterstrichen, außer es handelte sich um ein Funktionswort (z.B.: Artikel). Die SchülerInnen lesen die Texte vor und sollen danach die unterstrichenen Wörter erklären.

Der Ansatz aller fünf Testkonstruktionen wird im Englischen als „robust indicator“ und im Deutschen als **„Robuste Indikatoren“** bezeichnet (Fuchs 2004;

Gebhardt et al. 2015b). Beim Ansatz der Robusten Indikatoren werden Aufgaben gesucht, die die geforderte Kompetenz möglichst gut repräsentieren und in hohem Maße mit den relevanten Leistungen korrelieren. Die Relevanz der Indikatoren für allgemeine Kompetenzen wird dabei üblicherweise unter Rückbezug auf den aktuellen Forschungsstand belegt und durch die TestautorInnen definiert. Zur Prüfung der Vergleichbarkeit der einzelnen Paralleltests wurden in wissenschaftlichen Vergleichsstudien die Zusammenhänge aller Paralleltests über Korrelationen berechnet. Konkret wurden bei den ersten fünf CBM die richtigen und die falschen Antworten zwischen den Tests und den Testzeitpunkten korreliert (r =.5 bis.9), um eine Vergleichbarkeit zwischen den Testzeitpunkten zu gewährleisten (Deno et al. 1982a). Eine Auswertung zur Reliabilität auf der Ebene der Items erfolgte damals nicht (Deno et al. 1982b).

Die Fundierung von Tests über den Ansatz der Robusten Indikatoren hat sich besonders bei der Beobachtung der *basalen Lesekompetenz* durchgesetzt (Lenhard 2019). Hier hat sich insbesondere das Messen der Leseflüssigkeit durch lautes Vorlesen als ein Robuster Indikator für die allgemeine Lesekompetenz erwiesen (Reschly et al. 2009). Das Grundkonzept des Robusten Indikators wird bis heute durch die Forschung mit leichten Veränderungen auf weitere Lesetests übertragen. Eine frühe Weiterentwicklung ist der Passage Reading Test (Fuchs et al. 1989), welcher aus vier Paralleltests mit jeweils 400 Wörtern besteht. Jede Parallelform hält einen Lesetext bereit, der aus Märchen für die dritte Klasse entnommen wurde. Das Kind liest nun fünf Minuten anstatt einer die einzelnen Wörter möglichst schnell vor. Jungjohann et al. (2018d) stellen fest, dass die meisten entwickelten Verfahren zur Messung der Leseflüssigkeit Abwandlungen des Lesens aus Wortlisten oder dem mündlichen Lesen sind. Mehrere Tests mit unterschiedlichen Robusten Indikatoren können im Sinne einer allgemeinen Kompetenz zusammengerechnet und interpretiert werden (Deno et al. 1982a). Solche Testkonstruktionen werden als General Outcome Measurement bezeichnet und messen größere Bereiche als die Kompetenzen eines Schuljahres (Fuchs/Deno 1991). General Outcome Measurement bezeichnet die Erfassung eines breiten Maßes einer Kompetenz und langer Zeitintervalle. Dieses Vorgehen ist ebenfalls nach wie vor in der Forschung im Bereich Lesen anzutreffen.

Für den Bereich Mathematik werden Lernverlaufstests überwiegend nach dem Prinzip **Curriculum-Sampling** entwickelt (Fuchs 2004). Bei diesem Ansatz bilden verschiedene repräsentative Aufgaben den Fähigkeitsbereich eines Schuljahres anhand des Curriculums ab. Diese verschiedenen Aufgaben werden gemeinsam in jeder Parallelform eines Tests abgefragt. Einer der ersten mathematischen CBM-Tests umfasst 25 Rechenaufgaben aus den Bereichen schriftliche Addition, Subtraktion, Multiplikation und Division (Fuchs et al. 1994). Dabei enthält jeder Paralleltest jeweils dieselbe Anzahl der vorab definierten Aufgabentypen (Voß/Hartke 2014). Früh wurde ein CBM als Teil des standardisierten Mathematikleistungstests Basic Academic Skills Sample entwickelt (Deno et al. 1989). Die SchülerInnen hatten eine Minute Zeit, um möglichst viele von maximal 80 einfachen Aufgaben zu bearbeiten, die aus den Grundrechenarten Addition, Subtraktion, Multiplikation und Division stammten. Jenkins und Jewell (1992) stellten in einer Studie fest, dass der einminütige mathematische CBM-Test zu .75 mit statusorientierten Mathematikleistungstests korreliert, d.h. die Testergebnisse wiesen einen hohen Zusammenhang auf. Der Vorteil des Curriculum-Samplings ist, dass die Testaufgaben dem Unterrichtsinhalt und den dort zu bearbeitenden Aufgaben stark ähneln. Ein Nachteil ergibt sich jedoch aus der Tatsache, dass gewisse Lerninhalte nicht gleichmäßig über das Jahr unterrichtet werden. Daher können SchülerInnen mit unbekannten bzw. für sie noch unlösbaren Aufgaben konfrontiert werden. Dieses Problem stellt sich insbesondere im Fach Mathematik aufgrund der unterschiedlichen Aufgaben.

Auch der Ansatz des Curriculum-Samplings wurde im Laufe der Zeit weiterentwickelt. In den 1990er Jahren wurde der Ansatz größer gedacht, indem Aufgaben zu allen Inhalten des Lehrplans gestellt und gemeinsam ausgewertet wurden (Fuchs et al. 1990). Dadurch werden meist mehrere Kompetenzen in einem Test gemessen (Hosp et al. 2007). Dieser Ansatz wird bis heute als Master Monitoring oder Mastery Measurement bezeichnet (Tindal 2013).

Des Weiteren wurde das Curriculum-Sampling kleiner gedacht und einzelstehende Skilltests für die genauere Betrachtung bestimmter Unterrichtsinhalte als eigene CBM-Tests entwickelt und evaluiert (Tindal 2013). Unter einem Skill wird in diesem Zusammenhang ein engerer Aufgabenbereich oder Fertigkeitenbereich verstanden, wie zum Beispiel das Addieren im 20er-Raum. Mit Skills werden aufgabenspezifische Teile einer Teilkompetenz in einem kurzen Zeitintervall gemessen, es werden aber nicht Teilkompetenz, Umfang und Breite der Tests definiert, sondern die spezifischen Unterrichtsinhalte nach dem Lehrplan. Meist werden diese Skills (Addieren im 20er-Raum) nicht einzeln in einem Test eingesetzt, sondern in Kombination mit anderen Skills wie beispielsweise Subtrahieren im 20er-Raum. Mehrere Skilltests wurden in dem sogenannten „Skills Analysis in Curriculum-Based-Measurement"-Test gemessen (Fuchs et al. 1990).

Dieser Ansatz zeichnet sich dadurch aus, dass er sich aus mehreren kleinen Tests oder Testaufgaben mit einzelnen Skills, zusammensetzt. Die dahinter liegende Idee ist, dass im Laufe eines Schuljahres im Fach Mathematik verschiedene repräsentative Aufgaben unterschiedlicher Inhalte und Schwierigkeitsgrade gibt. Dies kann dazu führen, dass die Lehrkräfte die Gesamttestwerte in ihrer Zusammensetzung erst nach der Betrachtung einzelner Aufgabentypen interpretieren können. Die Auswertung einer „skill analysis" kann auch getrennt pro einzelner Skill erfolgen (Voß 2014). Skilltests sind meist für einzelne Bereichsabschnitte im Lehrplan verortet.

LVD kann je nach dem zu messenden Lernbereich, nach dem Beobachtungszeitraum sowie nach der zur Anwendung kommenden Konstruktionsart unterschiedlich sein. Abb. 4 stellt daher vereinfacht häufige Möglichkeiten dar. Auf der linken Seite der Abbildung sind die grundlegenden Konstruktionsansätze Robuste Indikatoren und Curriculum-Sampling dargestellt. Robuste Indikatoren werden häufiger für sensiblere und kürzere Beobachtungszeiten verwendet als der Curriculum-Sampling-Ansatz. Im mittleren Bereich des Diagramms ist der Messbereich dargestellt. Dieser geht von einem engen Messbereich hin zu einem breiten Kompetenzrahmen. In der rechten Spalte der Abbildung sind die Namen mit dem jeweiligen Messbereich verbunden. Die Lernverlaufstests sind nach der Breite des Bezugsrahmens geordnet. Je größer der abgedeckte Kompetenzrahmen ist, desto weiter unten befindet sich der Lernverlaufstest in der Pyramide. Während Teilkompetenzen den engsten und gleichzeitig den genauestmöglichen Bereich messen, ist der Bezugsrahmen eines Tests, der ein Jahr eines Unterrichtsfaches misst, wesentlich breiter. Diese Übersicht verdeutlicht, dass Lernverlaufstests ganz unterschiedliche Ziele haben und damit auch unterschiedliche Anforderungen an die Verwendbarkeit sowie die Darstellung der Ergebnisse stellen.

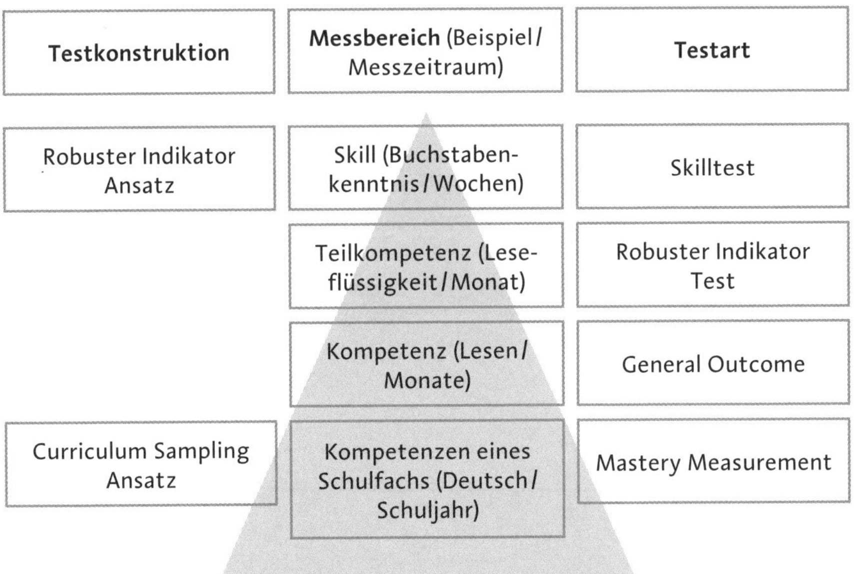

Abb. 4: Konstruktionsansätze von LVD

Während Tests mit Robusten Indikatoren auch über Klassenstufen hinweg verwendet und somit auch für heterogene Gruppen gut eingesetzt werden können, weisen Tests nach dem Curriculum-Sampling-Ansatz meist eine Klassenstufen- und Lehrplanverortung auf. Diese Tests haben den Nachteil, dass sie ausschließlich bei SchülerInnen, die über die Kompetenz dieser Klassenstufe verfügen, gut eingesetzt werden können und nur bedingt in inklusiven Klassen, die eine größere Heterogenität aufweisen. Die Konstruktion von Tests mit Robusten Indikatoren misst nur spezifische Teilkompetenzen, welche dafür über kürzere oder auch längere Zeiträume betrachtet werden. Die Messung von Teilkompetenzen hat den Vorteil, dass die Tests auch bei der Betrachtung kurzer Zeiträume sehr reliabel sind.

4.2 Konstruktion und Auswertung von Lernverlaufstests in acht Schritten

Eine LVD kann entweder als informelles Verfahren von Lehrkräften selbst entworfen oder von WissenschaftlerInnen und Verlagen als nach festgelegten Gütekriterien geprüftes Verfahren veröffentlicht werden. Von Lehrkräften selbst entworfene Tests haben den Vorteil, dass sie zumeist nah am Lehrplan oder den aktuell gelernten Inhalten sind. Solange die Tests aber nicht empirisch geprüft sind, handelt es sich um informelle Verfahren, welche auch als solche vorsichtig interpretiert werden müssen. Aber auch solche informellen Verfahren sind notwendig, da es nicht für jede pädagogische Fragestellung ein geprüftes Testverfahren gibt. Die Testkonstruktion informeller Verfahren sollte dabei dem Vorgehen geprüfter Verfahren der LVD entsprechen.

Für den Einsatz nach Gütekriterien geprüfter LVD spricht dabei, dass die Verfahren standardisiert, nachvollziehbar dokumentiert und bekannt sind. Das bedeutet, dass allgemein nachvollziehbar ist, für welchen Zweck die Tests entworfen wurden und wie die Tests durchzuführen und auszuwerten sind. Daher sind die Ergebnisse der Tests untereinander und zumeist auch anhand einer Norm vergleichbar. Deshalb wird empfohlen, wenn möglich, geprüfte Verfahren zu benutzen und informelle Verfahren vorsichtig zu interpretieren. Das Angebot der geprüften Verfahren ist aktuell allerdings noch sehr überschaubar. Es besteht aber die Hoffnung, dass der Bedarf in der Praxis die Forschung und auch die Wirtschaft motiviert, weitere Verfahren zu entwickeln und zu evaluieren.

Um das Vorgehen bei der Konstruktion einer LVD zu beschreiben, wird nachfolgend ein Leitfaden mit jeweils zwei Beispielen dargestellt. Die beiden Beispiele haben dieselbe Zielgruppe und Fragestellung und stammen aus dem Fach

Mathematik. Der Leitfaden orientiert sich an der Vorgehensweise von Käter et al. (2016), wurde jedoch adaptiert, einzelne Schritte wurden verändert und ergänzt und weiterführenden Überlegungen unterzogen.

Leitfaden:

1 **Auswahl des Testziels:** Zuerst werden das Fach und die konkreten Inhalte für eine bestimmte SchülerInnengruppe bzw. Klassenstufe festgelegt. Die wichtigen Fragen sind hierbei, für welche Gruppe und welche Bereiche der Test den Lernverlauf messen soll. Je breiter der Inhalt gewählt wird, desto umfangreicher ist eine LVD. Die leitende Frage beim Festlegen des Ziels ist: Welche Inhalte sollen über welchen Zeitraum für welche SchülerInnengruppe gemessen werden?
   - **Beispiel 1:** (Arithmetische) Grundrechenarten Addieren / Subtrahieren, Zahlenraum bis 100, Grundschule Klasse 2, mehrere Wochen im Schuljahr
   - **Beispiel 2:** Kompetenztest Mathematik 2. Klasse, Grundschule Klasse 2, komplettes Schuljahr

2 Verankerung und Dimensionalität des Tests (Kompetenzstruktur / Stufenmodell): Im zweiten Schritt werden die Struktur des Inhalts, die theoretische Verankerung und die Verknüpfung der Inhalte mit anderen Inhalten des Lehrplans festgelegt. Sind der Inhalt und das Lernziel des Tests Teil der Bildungsstandards oder eines Kompetenzstufenmodells? Gibt es einfachere und komplexere Inhalte? Besteht der Inhalt aus einer Teilkompetenz und sind mehrere Fertigkeiten vonnöten, um die Aufgaben zu lösen? Diese Fragen werden testtheoretisch mittels Fragen nach der Dimensionalität adressiert. Tests, welche nur eine Fähigkeit messen sollen, wie es bei Robusten Indikatoren-Tests der Fall ist, werden als eindimensional bezeichnet. Tests können aber auch mehrere Subtests haben oder mehrere Fertigkeiten erfassen und werden dann als multidimensionale Tests bezeichnet. Diese Tests haben üblicherweise mehrere zusammenhängende Ergebnisse. Für Lehrkräfte sind Tests einfacher zu interpretieren, wenn die Ergebnisse mit einem didaktischen Modell beschrieben werden können und mit weiteren Fördermaterialien verankert werden. Diese Verbindung sollte bereits in diesem Schritt mitbedacht werden.
   - **Beispiel 1:** Das Addieren im Zahlenraum bis 100 mit 10er Übergang ist verankert in den Bildungsstandards unter Zahlen und Operationen in den mathematischen inhaltsbezogenen Kompetenzen und im Lehrplan. Der Test kann von allen Kindern durchgeführt werden, welche aktuell Addieren und Subtrahieren üben und anwenden (Klassenstufe 2–4). Die Konstruktion erfolgt nach dem Robusten Indikator als eindimensionaler Test

im engen Bereich (Skilltest). Eine Förderung anhand spezifischer Fördermaterialien zum Addieren ist möglich.

- **Beispiel 2:** Ein Kompetenztest der 2. Klasse beinhaltet alle wichtigen Aufgaben der zweiten Klasse, die Konstruktion erfolgt nach dem Curriculum-Sampling als multidimensionaler Test, die Inhalte sind verankert im Lehrplan für die zweite Klasse unter Bezug auf die Bildungsstandards. Der Test kann von allen Kindern, welche die Inhalte der 2. Klasse lernen, durchgeführt werden. Eine Förderung anhand von Zusatzmaterial für das 2. Schuljahr ist möglich.

3 **Konstruktionsregeln des Tests und Definition des Aufgaben- und Schwierigkeitsbereichs:** Die Festlegung des Aufgaben- und Schwierigkeitsbereichs bestimmt den Messbereich und den Beobachtungszeitraum des Tests. Sind die Schwierigkeitsbereiche groß, misst der Test einen längeren Zeitraum. SchülerInnen müssen sich wesentlich in ihrer Kompetenz verbessern, um auch im Test bessere Ergebnisse zu erzielen. Sind die Schwierigkeitsbereiche des Tests sehr nah beieinander oder alle Aufgaben gleich schwer, dann misst der Test einen engen Beobachtungszeitraum. Auch Kinder, welche sich nur geringfügig in ihrer Kompetenz verbessern, wie beispielsweise Kinder mit Lernschwierigkeiten, können leicht und sichtbar Lernfortschritte erzielen. Daher müssen die Art der Aufgaben, die Instruktion und die Anwendungen von Lösungsstrategien bei der Definition des Aufgaben- und Schwierigkeitsbereichs beachtet werden. Für SchülerInnen mit Lernschwierigkeiten sind Tests häufig nicht nur wegen des zu messenden Konstrukts schwer, sondern auch weil der Aufgabentyp nicht eingeführt wurde oder im Test Änderungen bei den Aufgabenformaten vorgenommen wurden.

- **Beispiel 1:** Das Aufgabenformat wird ausgewählt. Alle Aufgaben werden nach den gleichen Konstruktionsregeln (Rechenart, Zahlenraum, Beachtung des Zehnerübergangs, Stellung des Platzhalters) konstruiert und in leichte, mittlere und schwere Items sortiert (Wilbert 2014). Die verwendeten Konstruktionsregeln und die damit verbundenen Lösungsstrategien können anhand des Lehrplans und der Bildungsstandards beschrieben werden und sind ein Baustein einer Kompetenz.
  Aufgabenformat:
  30 + 20 = __; 78 − 6 = __; 7 + 4 = __; __ + 4 = 6; 22 − __ = 9; 77 − __ = 2; __ − 43 = 19
- **Beispiel 2:** Die gewählten Aufgaben sind wichtige repräsentative Aufgaben eines Kompetenzbereiches der 2. Klasse. Alle Inhalte des Lehrplanes sind beispielsweise in die Lernbereiche Zahlen und Operationen, Raum und Form, Größen und Messen, Daten und Zufall gegliedert. Jedem Lernbereich müssen nun im Test gleich viele leichte, mittlere und schwere

Aufgaben zugeordnet werden. Die Instruktionen und Aufgabenformate unterscheiden sich nach den Inhalten der Lernbereiche. Die Konstruktionsregeln, nach denen ein Item schwer oder leicht konstruiert wird, unterscheiden sich zum Teil in den verschiedenen Lernbereichen. Im optimalen Fall sind die Konstruktionsregeln, die Aufgabenformate sowie die Instruktionen möglichst ähnlich oder zum Teil überlappend, damit alle SchülerInnen gleiche oder ähnliche Strategien beim Lösen anwenden können.

4 **Bestimmung des Testumfangs und Festlegung der Testzeit:** Die LVD müssen in regelmäßigen Abständen im Unterricht leicht und praktikabel durchgeführt werden können. Wirtschaftlichkeit ist für LVD ein wichtiges Kriterium. Im optimalen Fall können LVD Tests zwischen drei und fünf Minuten dauern. LVD sind aufgrund der verschiedenen Ziele und Inhalte unterschiedlich lang. Eine kurze Testzeit hat den Vorteil, dass sich alle SchülerInnen, auch diejenigen mit Lernschwierigkeiten, innerhalb dieser Zeitspanne gut konzentrieren können und diese auf der anderen Seite auch für die Lehrkraft gut in den Unterrichtsalltag zu integrieren ist. LVD sind daher meist als Speedtests mit einer Zeitbegrenzung konstruiert. Speedtest bedeutet, dass SchülerInnen mit höheren Kompetenzen mehr Items bearbeiten und lösen, während schwächere SchülerInnen weniger Aufgaben korrekt bzw. mehr Aufgaben falsch bearbeiten. Die Herausforderung besteht darin, dass auch in der kurzen Testzeit langsame SchülerInnen genügend Items bearbeitet haben müssen, um messbare und reliable Ergebnisse zu erlangen. Ziel ist daher, dass jede/r SchülerIn zehn Items bearbeitet und davon mindestens drei Items richtig löst, um auch für diese SchülerInnen noch ein verwertbares Ergebnis messen und positive Rückmeldungen geben zu können.
   - **Beispiel 1:** Der Test dauert fünf Minuten und umfasst 120 Aufgaben (40 Aufgaben leicht, 40 Aufgaben mittel, 40 Aufgaben schwierig).
   - **Beispiel 2:** Der Test dauert 8 bis 15 Minuten und umfasst 120 Aufgaben mit je 30 Aufgaben pro Lernbereich (zehn Aufgaben leicht, zehn Aufgaben mittel, zehn Aufgaben schwierig). Die längere Bearbeitungszeit dient dazu, sicherzustellen, dass aus allen vier Lernbereichen Aufgaben bearbeitet werden können.

5 **Generierung der Aufgabenstichprobe:** Die Verlaufstests sollen zu jedem Messzeitpunkt gleich schwer sein, um die Veränderungen hinsichtlich der gelösten Aufgaben als Personenmerkmal interpretieren zu können. Generell sollte entweder der Schwierigkeitsbereich aller Aufgaben ähnlich oder im Schnitt pro Testzeitpunkt der LVD gleich sein, damit alle konstruierten Tests den Lernverlauf fair messen und nicht ein Test zu einem Testzeitpunkt schwerer ist als die Tests zu anderen Messzeitpunkten. Es sollte nicht

vorkommen, dass ein Item, welches nur zu einem Messzeitpunkt verwendet wurde, viel schwieriger oder leichter ist als alle anderen Aufgaben. Daher ist es wichtig, die jeweiligen Schwierigkeitsbereiche der Aufgaben zu kennen, mehrere ähnliche Aufgaben zu konstruieren und in den späteren Schritten zu prüfen (Kap. 5). In diesem Zusammenhang ist es von Bedeutung, dass das Schwierigkeitslevel der Aufgabe durch das zu messende Konstrukt entsteht und nicht durch zusätzliche andere Merkmale. Es empfiehlt sich daher, alle Aufgaben nach ähnlichen Regeln zu konstruieren und dabei Merkmale, welche die Schwierigkeit nicht beeinflussen sollen, unverändert zu lassen (Weitere Konstruktionsmöglichkeiten werden in den späteren Kapiteln einzeln dargestellt).

- **Beispiel 1**: Der Test umfasst Platzhalteraufgaben zum Addieren und Subtrahieren im Zahlenraum bis 100. Leichte Aufgaben enthalten keinen Zehnerübergang und ihr Ergebnis muss eingesetzt werden: 3 + 11 = __, 19 – 5 = __; Aufgaben mit mittlerem Schwierigkeitsgrad bestehen aus Zehnerzahlen, enthalten den Zehnerübergang und die mittlere Position (Subtrahend) fehlt: 18 + __ = 36, 25 – __ = 19; die schwierigen Aufgaben bestehen aus Zehnerzahlen, enthalten den Zehnerübergang und die erste Position (Minuend) fehlt: __ + 19 = 82, __ – 73 = 18. Insgesamt umfasst der Test 120 Items.
- **Beispiel 2:** Mittels Curriculum-Sampling werden relevante Aufgaben für jeden Lernbereich ausgesucht und deren Konstruktionsregeln geprüft. Unter Verwendung der gesammelten Konstruktionsregeln werden dann weitere leichte, mittlere und schwere Aufgaben erstellt. Um sicherzustellen, dass alle Tests insgesamt gleich schwer sind, sind aufgrund des multidimensionalen Tests die Aufgaben alle mit eher ähnlichem und nicht wie in Beispiel 1 mit sehr unterschiedlichem Schwierigkeitsgrad zu konstruieren, da sonst die Gefahr besteht, dass in der empirischen Prüfung einzelne Lernbereiche durch einzelne schwere Items im Vergleich zu anderen Lernbereichen zu schwierig sind, bei denen die Items entgegen vorheriger Annahme zu leicht waren. Die Dimensionen des Tests, zu denen Aufgaben entwickelt werden, stammen daher aus dem Lehrplan:
  - *Lernbereich Zahlen und Operationen:* 9 – 7 = __
  - *Lernbereich Raum und Form:* korrekte Zuordnung der Begriffe Dreieck, Kreis und Viereck zu den jeweiligen Flächenformen
  - *Lernbereich Größen und Messen:* Schätzen von Größen unter Verwendung sicher abrufbarer Bezugsgrößen aus der Erfahrungswelt der SchülerInnen
    - *Lernbereich Daten und Zufall:* Entnehmen relevanter Daten und Informationen aus verschiedenen Quellen

6 **Erstellung des Tests, Durchführung und erste Darstellung der Ergebnisse:** Die Durchführung des Tests kann in einer Papier- oder Computerversion erfolgen. Während bei der Papierversion die Reihenfolge der Aufgaben festgelegt ist, kann ein Computertest auch jede Aufgabe nach Zufallsprinzip oder Regeln individuell oder für die Gruppe ziehen. Eine individuelle Ziehung hat für die Testkonstruktion Vorteile, da dadurch alle Items im Test miteinander verbunden sind. Bei der Erstellung eines Papiertests besteht dagegen das Problem, dass überlegt werden muss, wie viele Items sich pro Test wiederholen sollen, um die Tests miteinander zu verbinden. Diese Verbindung kann auch weggelassen und einfach nur theoretisch festgelegt werden, dass alle Items gleich schwer sind. Diese Festlegung lässt sich aber ohne Verbindung mit gleichen Items nicht mehr empirisch überprüfen. In der Praxis hat es sich beim Speedtest (Kap. 5.3) als praktikabel erwiesen, die Tests mit Aufgaben aus einem Itempool in unterschiedlicher Reihenfolge zu erstellen.
   - **Beispiel 1:** Der Test wird für die Durchführung am Computer ähnlich wie bei www.levumi.de (Kap. 8.5.2) entworfen. Alle Items werden vom Computer pro Testung individuell für jedes Kind gezogen. Dabei beachtet der Computer mehrere Ziehungsregeln wie beispielsweise, dass zuerst ein leichtes, dann ein mittleres und dann ein schweres Item gezogen wird. Nach fünf Minuten beendet der Computer den Test. SchülerInnen können den Test einmal wöchentlich auf dem Tablet oder PC nutzen. Direkt nach der Durchführung sehen die SchülerInnen, ob sie sich verbessert haben oder nicht.
   - **Beispiel 2:** Der Test wird papierbasiert mit verlinkten Items entworfen. Die verschiedenen Items der vier Lernbereiche werden zu acht ähnlich schweren Blöcken geordnet. Jeder Block besteht aus zwölf Aufgaben der vier Lernbereiche mit einer leichten, mittleren und schweren Aufgabe. Hierbei ist es wichtig, dass die Blöcke ähnlich schwer sind und die einzelnen Aufgaben in den Blöcken möglichst ähnlich sind. Insgesamt gibt es zehn parallelisierte Blöcke. Diese werden nun in unterschiedlicher Reihenfolge zu zehn Paralleltests geordnet. Die Lehrkraft kann somit zehnmal den Test als LVD durchführen. Der papierbasierte Test muss einzeln per Hand durch die Ermittlung der Anzahl der gelösten Aufgaben ausgewertet und zur weiteren Auswertung und für die grafische Darstellung in ein Tabellenprogramm eingegeben werden.

7 **Datenauswertung, Interpretation, Besprechung im Team und Dokumentation:** Die Anzahl der gelösten Aufgaben des gesamten Tests über mehrere Testzeitpunkte wird meist mittels eines Graphen pro Person oder Klasse übersichtlich dargestellt. Bei einem multidimensionalen Test ist auch eine zusätzliche Darstellung der einzelnen Dimensionen sinnvoll. Computerba-

sierte Tests haben den Vorteil, dass sie eine Vielzahl an zusätzlichen Indizes, Lösungshäufigkeiten und Informationen darstellen und verlinkt werden können. Für die Lehrkraft ist hierbei wichtig, dass die Ergebnisse gespeichert bzw. gesichert, gedruckt und für eine weitere Dokumentation auch exportiert werden können. Insbesondere die graphische Darstellung der LVD eines Schülers oder einer Schülerin wird für die Interpretation der Ergebnisse genutzt. Diese Daten werden als Beobachtung im Team besprochen, dann weitergehend interpretiert und für die pädagogischen Entscheidungen genutzt.

8 **Feedback:** Lehrkräfte und SchülerInnen benötigen sofort Feedback, ob es Lernfortschritte gab. Während es für die SchülerInnen reicht zu wissen, dass sich die Anstrengung gelohnt hat, benötigen Lehrkräfte weitere Auswertungen, um didaktische Entscheidungen zu treffen. Rückmeldungen für SchülerInnen enthalten oft Vergleiche zu vergangenen, bereits bearbeiteten Tests. Dem Kind wird rückgemeldet, ob es sich im Vergleich zum letzten Test verbessert hat. Dafür werden die Anzahlen der korrekt gelösten Aufgaben bei zwei unabhängigen Messzeitpunkten in Relation gesetzt. Die SchülerInnen erkennen an diesem Vergleich, ob sie nun mehr Aufgaben bei gleicher Bearbeitungszeit richtig lösen können und sich somit verbessert haben.

Durch die Hinzunahme eines Lernverlaufsgraphens können mit den SchülerInnen weitere Informationen besprochen werden. Der Graph visualisiert, wie stark die Verbesserung des einzelnen Schülers oder der Schülerin ist, und Vergleiche mit den MitschülerInnen können gezogen werden. Durch eine Analyse der bearbeiteten Aufgaben kann die Lehrkraft neben den Informationen zu möglichen Verbesserungen Erkenntnisse über die Fachkompetenz gewinnen. Aus den fachlichen Ansprüchen der bearbeiteten Aufgaben kann abgeleitet werden, ob ein/e SchülerIn diese Ansprüche ausreichend gut bearbeiten kann. Bei multidimensionalen Tests können die Dimensionen unterschiedlich gut bearbeitet werden. Unbearbeitete oder Aufgaben mit vielen Fehlern zeigen Fördermöglichkeiten auf. Alle Informationen liefern Hinweise für die didaktischen Entscheidungen im Unterricht und zeigen, ob der aktuelle Lernschritt intensiver geübt werden oder ob eher ein anderer Inhalt Schwerpunkt im zukünftigen Lernprozess darstellen sollte.

4.3 Verhaltensbeurteilung

Neben den Verfahren zur Messung fachlicher Lernverläufe gibt es auch solche für den Bereich Verhalten und Empfinden. Diese fokussieren eine engmaschige und ökonomische Evaluation von Interventionen bei Verhaltensproblemen (Schurig et al. 2019). Ein Großteil bekannter Verfahren zur Verhaltensbeobachtung und -bewertung ist auf eine einmalige Messung im Sinne einer Statusdiagnostik ausgelegt (Fisseni 2004). Im emotional-sozialen Bereich sind langfristige Begleitungen von Interventionen höchst relevant, um ungünstigem Verhalten frühzeitig entgegenzuwirken (Gebhardt/Jungjohann 2020b).

Ein Ansatz zur Beobachtung der Verhaltensentwicklung ist das „Direct Behavior Rating" oder die Direkte Verhaltensbeurteilung (Huber/Rietz 2015). Bei der Anwendung des Direct Behavior Rating wird ein spezifisches Verhalten von SchülerInnen über einen längeren Zeitraum erfasst, in der eine pädagogische Intervention erfolgt. Damit soll die Effektivität der Interventionen eingeschätzt und gegebenenfalls angepasst werden (z. B. nie, manchmal, immer). Dabei werden Bewertungsskalen eingesetzt, um das Verhalten der SchülerInnen in spezifischen Situationen wiederholt einzuschätzen. Somit handelt es sich um eine Mischform aus systematischer Beobachtung und Bewertung. Die Situationen können beispielsweise Gruppenarbeitsphasen oder die Mittagspausen sein. Die Skalen orientieren sich dabei an Indikatoren des auffälligen Verhaltens (Casale et al. 2019). Störendes Verhalten im Unterricht kann also z. B. durch das Notieren von Zwischenrufen vermerkt werden.

Die Abstände zwischen den Beobachtungen sind dabei abhängig von der Form und Häufigkeit des Verhaltens oder der Situation. Üblicherweise wird nicht das gesamte Verhalten der SchülerInnen bewertet, sondern ein Zielverhalten. Falls also Verhaltensprobleme mit Gleichaltrigen in der Mittagspause auftreten, so wird dies als Zielverhalten definiert und wiederholt direkt beurteilt. Wie auch für die Verfahren der LVD ist es nötig, möglichst viele Beobachtungszeitpunkte zu verwenden. Empfohlen werden mindestens fünf Beobachtungszeitpunkte als Baseline (Chafouleas et al. 2009). Die Verhaltensbeurteilungen sind sehr stabil und auch zeitlich sensibel (Gebhardt et al. 2019), wenn diese von derselben Person mit denselben Items durchgeführt werden. Daher können einfache und stabile Tests auch selbst konstruiert werden. Dies ist aufgrund des Erinnerungseffekts bei Tests der LVD nur bedingt möglich.

Eine Einführung für die Anwendung des „Direct Behavior Rating" in der Schule findet sich bei Casale et al. (2019): Direkte Verhaltensbeurteilung in der Schule. Eine Einführung für die Praxis. Ernst Reinhardt, München

4.4 Digitale Testverfahren

Tests mit Stift und Papier sind im Unterrichtsalltag die Regel. Die Lehrkraft kann den Test jederzeit ohne technische Vorbereitung austeilen und in der Klasse durchführen. Gruppentests mit einer standardisierten Durchführungsbeschreibung sind bei regulären Statustests bei den Lehrkräften beliebt und einfach durchzuführen. Die Lehrkraft achtet auf eine objektive Durchführung, sodass SchülerInnen nicht voneinander abschreiben. Es wird nur wenig standardisierte Hilfe und über diese hinaus keine weitere Unterstützung gegeben. Die Auswertung der Tests wird mit Hilfe einer Schablone, einem Lösungsheft, einer beiliegenden Normierungstabelle und einem Taschenrechner zumeist per Hand vorgenommen. Je nach Komplexität des Tests kann die Auswertungszeit zwischen wenigen und mehr als 20 Minuten pro SchülerIn in Anspruch nehmen. Insbesondere bei Tests mit verschiedenen Strategien und Möglichkeiten der Auswertung wie beispielsweise Rechtschreibtests gestaltet sich diese aufwändiger. Danach können einzelne Werte (z. B. Mittelwert, Konfidenzintervall) zur besseren Übersicht in Graphen übertragen werden, um ein genaueres Bild als Grundlage für die Interpretation zu erhalten. Dieser Aufwand führt dazu, dass einzelne Tests in Schulen eher selten oder nur bei besonderen Anlässen praktiziert werden. Es ist also eher untypisch, dass in einer Grundschulklasse dreimal im Jahr mit einem standardisierten Statustest die aktuellen Rechtschreibkompetenzen der SchülerInnen überprüft werden.

Die LVD fordert aber genau ein solches kleinschrittiges Vorgehen und benötigt für aussagekräftige Bewertungen des Lernverlaufs je nach Test mehr als drei Testungen pro Lernphase. Aus diesem Grund wurde schon seit Einführung der LVD über Computerunterstützung, automatische Auswertungen und Übertragungen der Ergebnisse in Graphen nachgedacht. Ein Meilenstein in der Entwicklung digitaler CBM-Tests stellt der mathematische CBM-Computertest von Fuchs et al. (1990) dar. Dieser Test dauert zehn Minuten und enthält 50 repräsentative, die mathematischen Kompetenzen eines ganzen Schuljahres abdeckende Aufgaben. Sowohl die Testdurchführung als auch die Auswertung erfolgten bereits seit 1990 computergestützt. Die Lehrkräfte erhielten nach Abschluss des Tests eine graphische Darstellung des Gesamttestwertes sowie eine Analyse der einzelnen Aufgabentypen.

Fuchs et al. (1990) untersuchten die von den Lehrkräften auf Basis der computergestützten Testauswertungen ergriffenen Unterrichtsmaßnahmen. Die Ergebnisse der Studie zeigten, dass Lehrkräfte, die die zusätzliche Analyse der einzelnen Aufgabentypen verwendeten, ein spezifischeres Förderprogramm entwickelten als Lehrkräfte, welche nur eine einfache graphische Auswertung der Ergebnisse des gesamten Tests zur Verfügung hatten. Diese und weitere

Studienergebnisse und die technische Weiterentwicklung der Endgeräte trugen dazu bei, dass Lernverlaufstests in verschiedenen digitalen Systemen umgesetzt wurden (Fuchs 1988; Maier 2010).

Das Ziel der digitalen Umsetzung ist, die Durchführung so einfach und die Auswertung so schnell wie möglich zu gestalten, ohne dabei die Nützlichkeit für die Lehrkraft und die Standardisierung zu beeinträchtigen. Generell können mittlerweile auch Apps und Programme zum selbstständigen Lernen zur Ermittlung eines Lernverlaufs genutzt werden. Diese können als eine Art LVD betrachten werden, wenn die Aufgaben den Anforderungen an eine LVD in Bezug auf die Gütekriterien genügen und den Lehrkräften eine Rückmeldung geben. Eine solche Lernsoftware ist meist am Curriculum orientiert und deren Rückmeldungen können im Sinne eines informellen, nicht überprüften Verfahrens gesehen werden.

> **Digitale Lernverlaufstests** bieten viele Vorteile im Unterrichtsalltag. Sie übernehmen Verwaltungs- und Auswertungsaufgaben, bieten differenzierte und automatisierte Auswertungen der Testergebnisse an und ermöglichen zusätzliche Analysehilfe, Verrechnungen der Rohwerte sowie unmittelbare Rückmeldungen für SchülerInnen.
>
> **Webbasierte Tests** sind besonders leicht zu handhaben, da sie auf eine Installation verzichten und für den PC oder das Tablet keine Administratorenrechte benötigt werden. Zusätzlich ermöglichen sie die Einsicht der Testergebnisse auch außerhalb der Schule.

Digitale Lernverlaufstests können danach unterschieden werden, ob sie entweder auf einem Computer als App oder Programm lokal installiert (computerbasierte Tests) oder ob sie in einem Internetbrowser online (webbasierte Tests) durchgeführt werden. Vorteile aller digitalen Lernverlaufstests sind, dass sie den Lehrkräften Verwaltungs- und Auswertungsaufgaben abnehmen (Jungjohann/Gebhardt 2018). Sie können dokumentieren, welche Paralleltests welche SchülerInnen bereits gelöst haben, wann die letzten Testungen stattgefunden haben und in welchem Rhythmus zukünftige Tests durchgeführt werden können. Sie erleichtern zudem eine möglichst eigenständige Bearbeitung der Tests durch die SchülerInnen.

Computerbasierte Tests unterscheiden sich im Umfang der Digitalität. Hybride computerbasierte Tests liefern die Paralleltests als Papierbögen, sodass die SchülerInnen die Tests per Hand am Sitzplatz bearbeiten können. Alle Lösungen der SchülerInnen übertragen die Lehrkräfte dann händisch in den PC, sodass dieser die Ergebnisse automatisiert auswertet. Diese Form eines digitalen Tests erleichtert zwar die Auswertung, verkompliziert aber gleichzeitig den organisatorischen Aufwand für die Lehrkräfte.

Vollständig digitale Lernverlaufstests ermöglichen eine direkte Bearbeitung der Aufgaben am PC. So fällt das Übertragen der Ergebnisse für die Lehrkraft weg und reduziert die aufzuwendende Zeit. In der praktischen Umsetzung computerbasierter Tests gab und gibt es in der Praxis Hürden. In vielen Schulen haben Lehrkräfte keine Administratorenrechte, um Programme oder Apps zu installieren. Die Wartung der technischen Endgeräte wird meist von externen Firmen übernommen, womit lange Wartezeiten und bürokratischer Aufwand bei Defekten entstehen können. Trotz der fortschreitenden Digitalisierung in Schulen, schränken Lizenzbestimmungen und die technische Ausstattung die Nutzung digitaler LVD an manchen Schulen noch ein (Jungjohann et al. 2018c).

Aufgrund zahlreicher Probleme der Digitalisierung und computerbasierter Tests wurden webbasierte Onlinesysteme entwickelt. Webbasierte Tests werden von den SchülerInnen direkt im Browser durchgeführt und von der Plattform automatisiert ausgewertet. Diese digitalen Testsysteme sind hoch flexibel, da die Tests auf mehreren Endgeräten ohne vorherige Installation durchgeführt werden können. Vorteilhaft ist zusätzlich, dass den Lehrkräften die Testergebnisse auch auf mobilen Endgeräten (z.B. Tablet, Smartphone) jederzeit zur Verfügung stehen. Somit können die Ergebnisse leicht in Gesprächen mit Erziehungsberechtigten oder in Klassenkonferenzen in die Förderplanung einbezogen werden.

Die Zukunft digitaler Lernverlaufstests wird aufgrund der hohen Praktikabilität und Flexibilität in webbasierten Plattformen gesehen. Diese Testsysteme können während der Testung die Antworten der SchülerInnen analysieren und individuell adaptierte Tests anbieten (Mühling et al. 2019). Zusätzlich ermöglichen Onlineplattformen ein leichtes Einbetten von Förderempfehlungen, sodass die Tests nicht mehr alleine stehen, sondern die Lehrkräfte durch auf die Testinhalte abgestimmte Förderungsideen in der Förderplanung unterstützt werden (Gebhardt/Jungjohann 2020b).

In den USA haben sich Onlineplattformen bereits in der Schullandschaft etabliert. So gibt es dort seit 2009 bereits mehrere **Plattformen für CBM-Tests und formative Diagnostik**: www.aimsweb.com, www.amplify.com, www.easycbm.com, www.dibels.uoregon.edu, www.fastbridge.org, www.isteep.com, www.progressmonitoring.org und www.peerassistedlearningstrategies.com.

In Deutschland sind bisher (Stand Februar 2021) vier **Onlineplattformen mit webbasierten Lernverlaufstests** für die Lernbereiche Deutsch, Mathematik und Verhalten von größerer Bedeutung: www.cody.de, www.lernlinie.de, www.levumi.de und www.quop.de.

5 Testkonstruktion für die Lernverlaufsdiagnostik

Tests der LVD werden für unterschiedliche Einsatzbereiche konstruiert. Für unterschiedliche Einsatzbereiche, Messzeiträume, angenommener Lernentwicklung der Zielgruppe und Interpretationsmöglichkeiten gibt es verschiedene Konstruktionsansätze. Kein Test kann für alle Situationen und Einsatzgebiete zugleich perfekt anwendbar sein. Tests werden für sehr spezifische Zwecke und Zielgruppen konstruiert. Dabei müssen möglichst faire Tests für alle SchülerInnen der Zielgruppe entworfen werden, damit der individuelle Lernverlauf gut und nachvollziehbar dargestellt wird. Auch für SchülerInnen mit SPU oder Migrationshintergrund muss er verständlich und fair sein.

Die Konstruktionsstandards der LVD unterscheiden sich dabei nicht von Standards für Tests, die für den Querschnitt konstruiert werden. Im Unterschied zu Querschnittstests muss die LVD für den Quer- wie auch den Längsschnitt und auch in der Interpretation im praktischen Einsatz (Fuchs 2004) geprüft werden, damit ein Nachweis über die Wirksamkeit vorhanden ist. Eine Zusammenfassung der Konstruktionsstandards für Tests findet sich in den traditionsreichen Standards for Educational and Psychological Testing (American Educational Research Association et al. 2014). Eine deutsche Übertragung findet sich bei Moosbrugger und Höfling (2008).

5.1 Psychometrische Fragen

Zur Konstruktion des Tests muss festgelegt werden, welche testtheoretischen Annahmen dem Test zugrunde liegen. Ältere CBM-Verfahren wurden überwiegend auf Basis der klassischen Testtheorie (KTT) konstruiert (Deno 2003b). In der KTT wird angenommen, dass sich ein beobachteter Wert aus einem wahren Wert und einem Messfehler zusammensetzt. Die Bestimmung des Messfehleranteils in einer Beobachtung ist dabei das zentrale Konzept. Das Maß zur Bestimmung von Messfehlern wird als Reliabilität bezeichnet. Je weniger Messfehler vorhanden sind, desto genauer misst der Test. Der Wertbereich von Reliabilitätskoeffizienten (wie z. B. der internen Konsistenz oder der Retest-Reliabilität) liegt üblicherweise zwischen 0 und 1. Ein Wert von .6 bedeutet, dass 40 % der durch den Test beobachteten Streuung der Werte zufällig ist, also nicht auf das zu beobachtende Merkmal zurückgeführt werden kann. Wenn Tests verwendet werden, um wichtige Entscheidungen zu fällen, so ist eine hohe Zuverlässigkeit unabdingbar. Werte über .8 werden in der Diagnostik normalerweise als ausreichend angesehen und Werte über .9 als gut (Fisseni 2004).

Wissenschaftlich geprüfte Tests der LVD müssen **reliabel**, **objektiv** und **valide** messen. Die Überprüfung findet überwiegend nach der KTT statt. Eine Prüfung nach der IRT ist zu bevorzugen, da mit diesem Vorgehen Änderungssensibilität und Stabilität der Verfahren über die Zeit besser geprüft werden können.

Reliabilität

Eine übliche Bestimmung der **Reliabilität** erfolgt über die **interne Konsistenz**, also den Zusammenhang aller Testitems. Die interne Konsistenz wird häufig über den Cronbrach-Alpha berichtet. Dieses Verfahren setzt aber voraus, dass alle Items des Tests in gleichem Ausmaß wirken. Dies wird im Rahmen der KTT nicht explizit geprüft. Wenn ein Fehleranteil systematisch und gleichmäßig in mehreren Items enthalten ist, erhöht dies paradoxerweise die Reliabilität. Ein solcher systematischer Fehleranteil sollte grundsätzlich bei Instrumenten vermieden werden. Er entsteht, wenn beispielsweise eine relevante Gruppenzugehörigkeit nicht kontrolliert wurde (Moosbrugger/Keleva 2008).

Eine weitere relevante Bestimmungsform der Reliabilität ist die sogenannte **Retest-Reliabilität**. Für die Bestimmung der Retest-Reliabilität wird der gleiche Test den TeilnehmerInnen zu verschiedenen Zeitpunkten angeboten. Es ist anzunehmen, dass die Ergebnisse gleich bleiben, wenn die gemessene Eigenschaft sich nicht verändert hat. Die Retest-Reliabilität beschreibt das Ausmaß der Übereinstimmung der Ergebnisse. Problematisch ist dies besonders dann, wenn nur eine Testversion vorliegt. Hier besteht die Gefahr, dass Erinnerungseffekte auftreten können. Ebenso gewinnen die TeilnehmerInnen eine Expertise im Umgang mit dem Test, was wiederum das Ergebnis verzerren kann. Während dieser Effekt für einen Schulleistungstest problematisch ist, ist eine Expertise in der Benutzung in der LVD gewünscht. So wird das Konstrukt über die Zeit durch mehrere Messzeitpunkte präziser gemessen. Zuletzt ist die Analyse der Retest-Reliabilität problematisch, wenn das gemessene Konstrukt sich über die Zeit verändert. Im Fall eines Wortlesen-Tests kann dies durch unterschiedlich schnelle Verbesserungen im Lernen der einzelnen Kinder begründet sein. Die unterschiedlichen Lernerfolge vermindern dabei den Zusammenhang

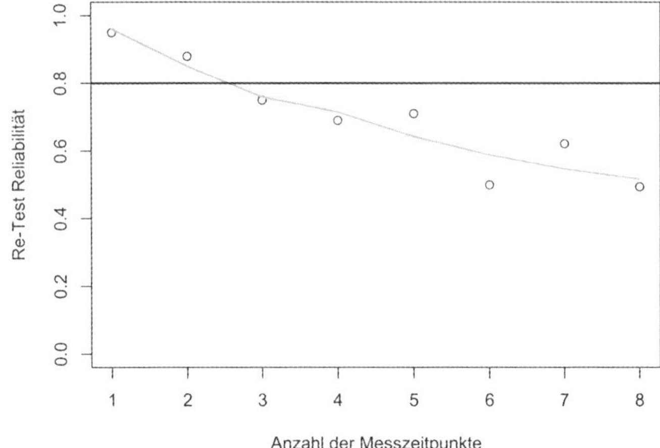

Abb. 5: Re-Test-Reliabilität zwischen dem ersten Messzeitpunkt und weiteren Messzeitpunkten

Anmerkung: Auf der X-Achse ist die Korrelation zwischen dem Messzeitpunkt 1 und folgenden Messzeitpunkten aus einem simulierten Datensatz (N = 30) abgetragen. Die Punkte beschreiben die Ausprägung der Werte zu den folgenden Messzeitpunkten. Die schwarze Linie beschreibt einen Schwellenwert für eine gute Re-Test-Reliabilität. Die graue Linie beschreibt die geglättete Entwicklung der Re-Test-Reliabilität.

der Gruppe untereinander, also die Korrelation über die Zeit. Mit steigendem zeitlichen Abstand werden die individuellen Lernverläufe immer unterschiedlicher (Klauer 2011). Dies wird unter der Betrachtung der Retest-Reliabilität als Fehleranteil verstanden, obwohl es bei Betrachtung der LVD die Regel ist. In Abb. 5 sind beispielshaft die Ergebnisse aus einem simulierten Datensatz der Re-Test-Reliabilitäten von einem Instrument zu acht getrennten Messzeitpunkten zu einem Ausgangspunkt abgetragen. Die Re-Test-Reliabilität sinkt nach drei Messzeitpunkten unter den Schwellenwert von Wert von.8, obwohl die einzelnen Tests reliabel messen. Durch die unterschiedlichen Lernverläufe entsteht der Eindruck, dass das Instrument über die Zeit immer ungenauer misst.

Für eine sinnvolle Interpretation der Re-Test-Reliabilität müssen die zeitlichen Abstände zwischen den Messzeitpunkten so lang bzw. kurz sein, dass einerseits Erinnerungen ausgeschlossen werden und andererseits das Lernen noch nicht stattgefunden hat. Daher sollte die Re-Test-Reliabilität nur für die unmittelbar nächsten Messzeitpunkte betrachtet werden. In der LVD ist die Re-Test-Reliabilität zwischen den ersten oder benachbarten Messungen ähnlich hoch wie bei Schulleistungstests. Generell gilt, je weiter die Testzeitpunkte auseinanderliegen und je unterschiedlicher das Lerntempo der Kinder ist, desto niedriger liegt die Korrelation zwischen den einzelnen Tests (Klauer 2011).

Eine vertiefende Einführung zu verschiedenen Methoden der Bestimmung der Reliabilität findet sich in: Döring, N., Bortz, J. (2016): Forschungsmethoden und Evaluation in den Sozial- und Humanwissenschaften. Springer, Berlin

Objektivität

Statt den Test als Ganzes zu betrachten, ist es hilfreich, sich stärker auf die Analyse der Bestandteile eines Tests zu konzentrieren. Während die KTT sich zentral auf die Reliabilität stützt, ist die Objektivität nichtdestotrotz ein relevantes Kriterium. In der Lesart der KTT beschreibt die Objektivität vor allem die Unabhängigkeit eines Ergebnisses von der Untersuchungsumgebung, dem Testleitenden und der Durchführung des Tests. Das Ergebnis bleibt aber abhängig vom Test und von der Gruppe der teilnehmenden Personen, um notwendige Vergleiche anzustrengen. Alternativ ist es möglich, auf Basis einer sorgfältigen Itemkonstruktion und der Prüfung von Itemeigenschaften testunabhängigere Messungen zu entwerfen, welche auf den Wahrscheinlichkeiten einer Lösung von Items beruhen (Wright 1977). Die Grundidee ist hierbei, dass nicht etwa eine festgelegte Testbatterie von Items existiert, welche das Lernen wiederholt beobachtet, sondern eine theoretisch unbegrenzte Zahl von Items, die durch inhaltliche Regeln definiert sind und auf ihre Konformität geprüft werden.

Dieser Ansatz findet sich vor allem in der **probabilistischen (wahrscheinlichkeitsbasieren) Testtheorie** und den darauf aufbauenden Modellen der Item-Response-Theorie (IRT) (Rost 2004). Die Modelle der IRT können dadurch, dass sie maßgeblich auf dem Kriterium der Objektivität aufbauen, auch als objektive Messmodelle bezeichnet werden.

Validität

Neben dem Gütekriterium der Objektivität und der Reliabilität misst das Gütekriterium der Validität die Gültigkeit. Damit werden der Wahrheitsgehalt einer Messung bestimmt und die gleiche Gültigkeit und die gleichen Prüfmechanismen für die klassische wie auch probabilistische Testtheorien festgelegt. Für Tests bedeutet eine angemessene Validität, dass eine inhaltliche Erweiterung objektiver und reliabler Zahlenwerte erfolgen kann. Eine hohe Reliabilität und eine angemessene Objektivität sind dabei Voraussetzung, aber nicht hinreichend für eine hohe Validität. Zudem müssen inhaltliche Alternativerklärungen für den Zusammenhang ausgeschlossen werden und die Aussagen generalisierbar sein.

Die Validität eines Tests kann nicht zweifelsfrei und für jeden Anwendungsbereich belegt werden (American Educational Research Association et al. 2014). Hingegen werden partielle Annahmen zu einzelnen Dimensionen der Validität als wünschenswert angesehen. Diese umfassen die **Konstruktvalidität**, also die Angemessenheit der empirischen Abbildung, die **Kriteriumsvalidität**, also die Zusammenhänge mit bereits bekannten und gut dokumentierten weiteren Kriterien und die **Inhaltsvalidität** (Moosbrugger/Keleva 2012).

Dabei wird die Inhaltsvalidität als besonders relevant für Lern- und Leistungstests herausgestellt (Rammstedt 2010). Die Inhaltsvalidität beschreibt das Maß, in dem ein Gesamtinhalt wirklich durch einen im Test erfassten Inhalt beschrieben werden kann. Die einzelnen Testaufgaben müssen also eine gute Stichprobe aller theoretisch denkbaren Aufgaben bilden.

5.1.1 Testlänge und Testschwierigkeit

Für eine einfache Interpretation der LVD wäre ein Test mit gleich komplexen und über die Zeit konstanten Anforderungsprofilen für alle Kinder optimal. So kann die Verbesserung der einzelnen SchülerInnen zwischen den Messzeitpunkten allein als Lernerfolg interpretiert werden. In der Praxis finden die SchülerInnen dieselben Aufgaben unterschiedlich schwierig. Ebenso lernen die SchülerInnen unterschiedlich schnell oder langsam. In der Theorie ist es kaum bis unmöglich, Aufgaben auf gleichem Anforderungsniveau zu entwerfen, welche für alle Testteilnehmer zu mehreren verschiedenen Zeitpunkten in ihrem individuellen Lernfortschritt gleich schwierig sind.

Aus diesem Grund hilft es, in Wahrscheinlichkeiten zu denken und diese zu prüfen. Klauer (2011) setzte daher einen möglichst engen Bereich in den Grundrechenarten für seine LVD und nahm damit an, dass die geringen Unterschiede zwischen den Aufgabenschwierigkeiten bei einer zufälligen Ziehung im Vergleich zu den Unterschieden in der Person zu vernachlässigen sind. Damit postulierte er, dass alle Aufgaben der Tests die gleiche Schwierigkeit haben.

Für die Erfassung breiter schulischer Kompetenzen ist ein solcher Ansatz, bei dem angenommen wird, dass alle Aufgaben exakt gleich schwer sind, aber kaum umsetzbar. Ebenso gilt für den Ansatz der gleich schweren Items: Je geringer der Leistungsbereich ist, den ein Test messen soll, desto kürzer ist das zeitliche Testfenster, in dem der Test die Entwicklung des Kindes messen kann.

Der Test benötigt daher eine gute Passung zwischen der Schwierigkeit des Tests und der Leistungsfähigkeit der Person. Tests mit einem engen Testfenster und einem eng definierten Bereich sind zwar leichter zu konstruieren und meist sehr reliabel, sie messen aber nur einen kleinen Zeitraum der Lernentwicklung.

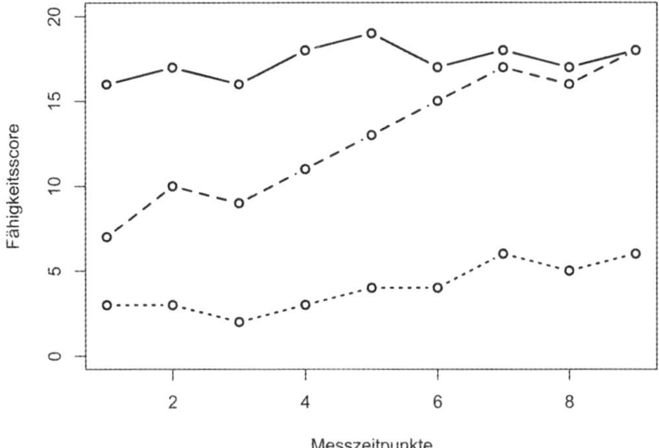

Abb. 6: Lernverläufe von SchülerInnen in Abhängigkeit zum Verhältnis von Lernausgangslage und Schwierigkeit des Tests

Beispielsweise kann ein guter Schüler nach kurzer Zeit alle Items richtig lösen. Beispielhaft sind exemplarische Lernverläufe in der Abb. 6 abgetragen. Hier wird angenommen, dass der Test die Fähigkeit des Kindes auf einem Spektrum von 0 bis 20 Punkten abbildet (y-Achse) und der Test neunmal wiederholt wurde. Das Kind, dessen Lernverlauf durch die obere Linie gezeigt wird, war bereits zum ersten Messzeitpunkt mit 16 erreichten Punkten im obersten Quartil des durch den Test abbildbaren Leistungsbereichs. Dies ändert sich über die Zeit nicht. Leichte Schwankungen können auf Unkonzentriertheiten, Ablenkungen oder sogar Langeweile und Demotivation zurückgeführt werden. Der mittlere gekennzeichnete Lernverlauf startet im unteren mittleren Quartil und erreicht auf Höhe des siebten Messzeitpunkts ebenfalls die obere Leistungslage. Hier kann das Wachstum über den gesamten Beobachtungszeitraum sichtbar gemacht werden. Der unten dargestellte Lernverlauf hingegen startet im untersten Quartil, und ein Wachstum kann erst etwa in der Mitte des Beobachtungszeitraums beobachtet werden. Es ist also anzunehmen, dass der Test für das erste Kind zu leicht war und gar keine Einschätzung der Angemessenheit der Lernunterstützung im Beobachtungszeitraum gemacht werden kann. Für das letzte Kind war der Test hingegen eventuell zu schwierig. Es kann nur eine sehr flache Entwicklung beobachtet werden.

Für den Einsatz von Verfahren der LVD empfiehlt es sich daher, neben dem Anfangsniveau auch eine Vorstellung über das Lernziel und die Geschwindigkeit zu haben, in der es erreicht werden soll. Je nach Auswahl des Lernzieles machen unterschiedliche Tests oder eine Kombination bzw. Abfolge von mehreren

Tests Sinn. Der wichtigste Auswahlindikator ist hierbei, ob die in der Praxis beobachteten Lernfortschritte sich auch in den Testergebnissen finden und der Test das angestrebte Lernziel auch abbilden kann. Während bei Statustests das aktuelle Niveau im Mittelpunkt steht, richtet sich der Blick der LVD auf das derzeitige Lernziel und den Weg dorthin. Daher darf die SchülerIn auch zu Beginn der LVD noch relativ wenig Items lösen und sollte erst am Ende der Beobachtungszeit fast alle Items lösen können.

Eine wesentliche Voraussetzung für die Interpretation des Lernfortschritt ist, dass die konkreten Merkmale oder Regeln bekannt sind, welche die Schwierigkeit eines Tests bestimmen. Dies wird bereits bei der Testkonstruktion durch die Adressierung von inhaltlichen Konstruktionsregeln und der Hinzunahme von konkreten schwierigkeitsgenerierenden Merkmalen festgelegt. Bei einem Test in Mathematik für die Klassenstufen drei und vier könnte beispielsweise ein Verfahren mit geringer Anforderung ausschließlich die Addition ohne Zehnerübergänge im Zahlenraum bis 100 adressieren. Ein Verfahren mit höherer Anforderung hingegen könnte auch Subtraktionsaufgaben oder den Zehnerübergang beinhalten. Je nach Kombination dieser Regeln können im selben Inhaltsbereich sehr einfache und sehr schwierige Tests entstehen. Die schwierigkeitsgenerierenden Merkmale und ihre Regeln sind daher der Kern der Konstruktion der LVD, da nur mit deren Verständnis eine Interpretation der Testwerte möglich ist. Hierauf basierend können die Schwierigkeitslagen eines Testverfahrens gezielt adressiert werden. Für eine gute Abdeckung eines gewählten Fähigkeitsbereichs braucht es zu dem Fähigkeitsbereich passende leichte, mittlere und schwere Items.

5.1.2 Schwierigkeiten von Items

Wir nehmen üblicherweise an, dass alle Fähigkeiten von Schülerinnen und Schülern ungefähr normal in der Gesamtpopulation verteilt sind. Das gilt sowohl für breite Fähigkeitsbereiche als auch für schmale Fähigkeitsbereiche. Demnach sollten die Schwierigkeitslagen der Items dieser Verteilungsform entsprechen. Dies kann geprüft werden, indem die Lösungswahrscheinlichkeiten der Items inspiziert werden (Abb. 7). Die Schwierigkeit wird üblicherweise in Logits, einer proportionalen Skala, abgetragen, dem natürlichen Logarithmus einer Wahrscheinlichkeit. Proportionale Skalen haben den Vorteil, dass Verhältnisse abgetragen werden können, so dass eine Interpretation einfacher ist (Krantz et al. 2007). Es werden also Aussagen wie beispielsweise „Die Schülerin liegt 20 % über dem Mittelwert." oder „Die Aufgabe ist für diesen Schüler mit diesen Hintergrundmerkmalen doppelt so schwer." möglich.

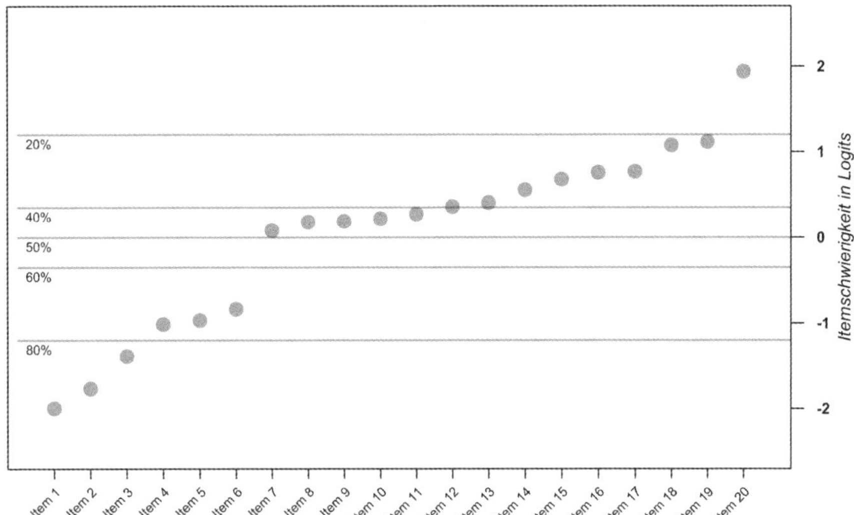

Abb. 7: Mittlere Lösungswahrscheinlichkeiten pro Item.
Anmerkung: Logits der Itemschwierigkeit beschreiben den natürlichen Logarithmus der mittleren Wahrscheinlichkeit ein Item zu lösen.

Um das gesamte Fähigkeitsspektrum abzutragen, werden Items in oberen, unteren und in der mittleren Schwierigkeitslage benötigt. Je mehr Items in einer Lage vorhanden sind, umso besser kann der Test in dieser Lage trennen. Da entsprechend der Normalverteilungsannahme mehr Kinder in der mittleren Fähigkeitslage sind, benötigen wir eine entsprechende Verteilung von schweren, eher mittelschweren und leichten Items. In der Abbildung sind die Schwierigkeiten der Items rechts als Logits (einer Maßeinheit für die Lösungswahrscheinlichkeit auf Basis des Logarithmus einer Chance) und die entsprechenden Lösungswahrscheinlichkeiten links abgetragen. Eher schwere und eher leichte Aufgaben ließen sich also durch die Trennlinie von 50% Lösungswahrscheinlichkeit identifizieren. Ein Wert von -2.2 bedeutet hier, dass das Item keine große Herausforderung bedeutet und von rund 90% der TestteilnehmerInnen gelöst wird (Item 1). Ein Wert von 0 entspricht einem durchschnittlich anspruchsvollen Item mit einer Lösungswahrscheinlichkeit von 50% (Item 11). Ein eher schwieriges Item mit einer Lösungswahrscheinlichkeit von 40% erreicht einen Wert von 0.4 Logits (Item 15).

BEISPIEL

Unterschiedlich schwierige Aufgaben

Im nachfolgenden Beispiel sind verschiedene Möglichkeiten bei der Anzahl leichter, mittlerer und schwerer Aufgaben in Bezug auf die Auswirkungen der Lernentwicklungsmessung in Anlehnung an Wilbert (2014) dargestellt:

- Test A: Nehmen wir an, wir haben 20 Aufgaben, 10 leichte und 10 schwere.
- Test B: Nehmen wir an, wir haben 20 Aufgaben, 15 leichte und 5 schwere.
- Test C: Nehmen wir an, wir haben 30 Aufgaben, 20 leichte und 10 schwere.

Dieselbe Person mit derselben Fähigkeit löst alle leichten Aufgaben und nur eine schwere Aufgabe. Dies entspräche in Test A 11 Aufgaben (10+1), in Test B 16 Aufgaben (15+1) und Test C 21 Aufgaben (20+1).

Während die Person bei Test A in der Mitte des Tests liegt und noch weitere Messungen möglich scheinen, ist die Person bei Test B schon im obersten Viertel und es ist zu fragen, ob noch genug Items zu Messung des Lernfortschritts vorhanden sind. Nehmen wir an, die Person lernt bis zur nächsten Messung in vier Wochen hinzu und verbessert sich in allen Tests um zwei Aufgaben:

- Test A: 11 von 20 verbessert zu 13 von 20: Verbesserung um 10% von 55% zu 65%.
- Test B: 15 von 20 verbessert zu 17 von 20: Verbesserung um 10% von 75% zu 85%
- Test C: 21 von 30 verbessert zu 23 von 30: Verbesserung um 6% von 70% zu 76%.

Die Verbesserung ist in Bezug auf die Tests A und B mit der gleichen Itemanzahl gleich hoch, aber vom Gesamtwert verschieden. Die durch die Tests wiedergegebene Lage der Leistung ist also nicht gleich, da der Anteil verschieden schwerer Items variiert. Zwischen Test B und C ist sowohl der Gesamtwert, als auch der Lernzuwachs verschieden, da zusätzlich in Test C mehr Items vorhanden sind, also das Wachstum geringer erscheint.

Je nach Itemanzahl und auch Anzahl der leichten als auch schwierigen Items entstehen in der LVD verschiedene Werte. Bei Betrachtung auf manifester Ebene ist das Problem bei der Messwiederholung also nicht zu lösen. Das

Skalierungsproblem entsteht dadurch, dass sich das Ergebnis einer Messung (z. B. der Rohwert in einem Leistungstest) vielfältig mathematisch transformieren lässt (Wilbert 2014). Das Problem der Passung zwischen Itemschwierigkeiten und der Zahl, die die Fähigkeit der Person wiedergeben soll, dem Personenparameter, lässt sich nur mit der Auswertung und Skalierung nach IRT-Modellen lösen. Da hier die Itemschwierigkeiten und die Personenfähigkeiten getrennt berechnet, aber danach auf gleicher Ebene (Logits) berichtet werden.

Im nachfolgenden Kapitel werden die Grundlagen dieser Ansätze vorgestellt und Gütekriterien und Qualitätsstandards für die LVD diskutiert.

5.2 Kurze Einführung zur Testtheorie

Tests messen durch Fragen oder Items Persönlichkeitsmerkmale, Kompetenzen oder Fertigkeiten. Der Begriff Test ist recht breit definiert und umfasst nach Lienert und Raatz (1998) die Verfahren und Instrumente zur Untersuchung von Persönlichkeitsmerkmalen, aber auch den Vorgang der Durchführung der Untersuchung, die Stichprobenerhebung sowie die Anwendung von mathematisch-statistischen Prüfverfahren.

Meist wird der Begriff Test für ein standardisiertes, strukturiertes Instrument verwendet, welches aus mehreren standardisierten Items besteht, die normiert und psychometrisch nach den Gütekriterien geprüft sind. Zumeist sind allerdings strukturierte Tests gemeint, die aus einer Batterie standardisierter Items bestehen. Dies umfasst beispielsweise standardisierte Leistungstests ebenso wie Verfahren der LVD (Rost 2004).

Nach den Grundlagen aller Testtheorien werden Tests verwendet, um das Antwortverhalten von Personen auf Fragen, Items oder Testverfahren zu beobachten und darüber auf die Realität zu schlussfolgern. Hierbei wird nicht direkt die Realität erfasst, sondern nur eine Abbildung nach vorher operationalisierten Regeln. Das Antwortverhalten wird Zahlenwerten zugeordnet, die möglichst repräsentativ sind. Der Test operationalisiert das zu messende Konstrukt anhand des **theoretischen Strukturmodells** (Abb. 8).

Die meisten psychologischen Konstrukte (z. B. Intelligenz oder mathematische Kompetenzen) sind weder direkt beobachtbar noch messbar. Solche Konstrukte werden als latente Variablen bezeichnet (y; Ellipse in Abb. 8). Im Beispiel der Abb. 8 liegt eine eindimensionale Struktur des psychologischen Konstrukts vor. Daher wird nur eine einzelne latente Variable durch eine Ellipse abgetragen. Manifeste Variablen sind die Antworten auf konkrete Aufgaben in einem Test (z. B. gelöste Rechenaufgabe zum Zahlenverständnis). Diese Antworten werden im psychologischen Kontext als Beobachtungen verstanden. Jede Aufgabe

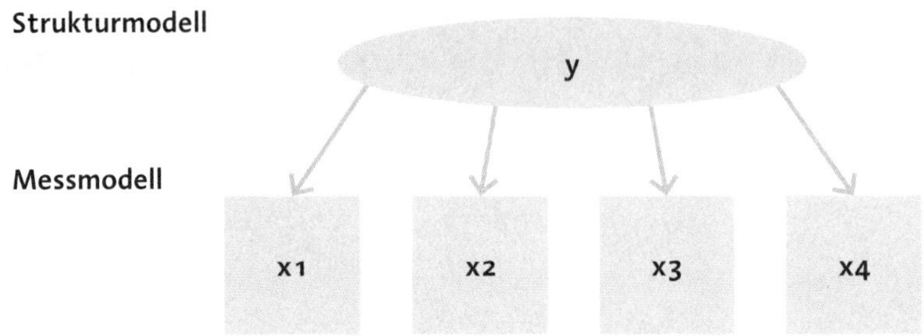

Abb. 8: Graphische Darstellung eines eindimensionalen Strukturmodells und des Messmodells.
Anmerkung: Das ovale Objekt stellt das zu bewertende theoretische Konstrukt dar. Die quadratischen Objekte stellen die Indikatoren da, in denen sich das Konstrukt zeigt.

kann gelöst oder nicht gelöst werden. Eine einzelne Antwort reicht allerdings nicht für eine Interpretation aus, da sie die latente Variable (z. B. mathematische Kompetenz) nicht ausreichend repräsentiert. Daher werden die Lösungen mehrerer Aufgaben als Summenwert verrechnet und so gemeinsam zu einander in Bezug gesetzt. Somit ergeben mehrere manifeste Variablen (in Abb. 8 vier Aufgaben) eine gemeinsame Repräsentation einer latenten Variable. Für die Interpretation des Testergebnisses wird dann die latente Variable als Summenscore herangezogen.

Im Beispiel liegt eine eindimensionale Struktur vor, so dass nur eine einzelne Variable abgetragen und ein Summenwert für die Interpretation herangezogen wird. Ergänzend ist es möglich, mehr als eine latente Variable in einem Strukturmodell abzutragen. Dabei würden beide Variablen und ihre empirische Verbindung abgetragen werden. In diesem Fall wird von einem mehrdimensionalen Modell gesprochen. Diese Verbindung kann eine einseitiger oder ein beidseitiger Zusammenhang sein. Problematisch für empirische mehrdimensionale Modelle ist, dass die Werte beider latenter Variablen hier in Abhängigkeit zueinander bestimmt werden. Die Summenwerte des mehrdimensionalen Modells werden je nach Struktur unterschiedlich gewichtet und sind somit weder direkt errechenbar, noch für Außenstehende auf den ersten Blick nachvollziehbar.

Auf diese Weise ist es nicht möglich, die Ergebnisse schnell selbstständig im Klassenraum zu berechnen oder einfach zu interpretieren, so dass diese für den Einsatz in der LVD nur eine geringe praktische Relevanz haben. Es ist daher zu fragen, ob ein komplexerer Test für diese Anwendungsform notwendig ist oder ob es nicht einfacher und inhaltlich vertretbar wäre an Stelle eines zweidimensionalen Tests zwei eindimensionale Tests durchzuführen. Zusammengefasst empfehlen sich eindimensionale Tests für die LVD (Wilbert 2014), da sie einfacher zum Überprüfen der Gütekriterien und zum Auswerten sind. Multidimensionale Tests empfehlen sich dagegen für Querschnittsmessungen wie beispielsweise Screenings, Schulleistungs- und Kompetenztests, bei denen ein breites Spektrum zu einem Messzeitpunkt oder strukturelle Zusammenhänge zu wissenschaftlichen Zwecken möglichst präzise abgebildet werden sollen.

Das Strukturmodell wird dann mit einer Stichprobe empirisch anhand des **Mess- oder Testmodells** geprüft. Variablen, welche direkt messbar oder beobachtbar sind, werden als **manifeste Variablen** (x1-x4; Quadrat in Abb. 8) bezeichnet. Die Pfeile symbolisieren das Verhältnis der latenten Variable (y) zu den manifesten Variablen (x1-x4). Ein Test besteht aus Items, bei denen die Beantwortung direkt beobachtet werden kann; es handelt sich um manifeste Variablen. Es wird angenommen, dass die Lösung der Items von der Fähigkeit des Kindes abhängt, welches den Test bearbeitet. Daher führt der Pfeil von der latenten Variable zu den manifesten Variablen. Die Fähigkeit wirkt auf die beobachtbaren Bearbeitungen der Items. Für einen Test ist es daher wichtig, dass nur die zu messende Kompetenz auf die Lösung der Items wirkt und andere Kompetenzen oder nicht gewollte Einflüsse keine Rolle spielen (Konfundierung).

BEISPIEL

Der Einfluss des Lesens auf mathematische Aufgaben

Da mathematische Sach- und Textaufgaben Sätze beinhalten, beeinflussen die Lesekompetenzen das Ergebnis dieser Aufgaben. Eine Möglichkeit, dies zu umgehen ist, dass versucht wird, sehr einfache Texte für die Textaufgaben zu formulieren und den Einfluss der Lesekompetenz so konstant wie möglich zu halten. Damit bleibt der Einfluss zwar erhalten, wirkt aber gleichmäßig auf alle Items und ist damit kontrollierbar. Sollten hingegen auch schwierige mathematische Aufgaben den längsten und schwierigsten Text enthalten, so liegt ein zusätzlicher Schwierigkeitsanteil vor, der nur SchülerInnen betrifft, die eine geringe Lesekompetenz haben. Die Items werden nur für diese Gruppe doppelt schwer und ihre mathematische Fähigkeit würde unterschätzt. Der Test wäre somit für diese Gruppe unfair.

Das empirische Messmodell operationalisiert die theoretischen Vorgaben in eine formale Struktur. Das Messmodell ist dabei notwendige Voraussetzung der Falsifizierbarkeit eines theoretischen Modells (Steyer/Eid 2001). Auf Basis dieser Struktur werden die Antworten der Personen oder Beobachtungen in

Zahlenwerte übertragen. Bei Tests der LVD ist dies meist die Auswertung der gelösten Aufgaben in 0 für eine falsche Antwort oder 1 für eine richtige Antwort. Komplexere Auswertungsmuster sind möglich, stehen aber in Kontrast zu der gewünschten Einfachheit und Anwendbarkeit wie auch der erwünschten kurzen Testdauer.

Bei der Anwendung des Messmodells kommt es zu systematischen aber auch zu unsystematischen Messfehlern. Das empirische Messmodell weicht immer etwas mehr oder weniger vom theoretischen Strukturmodell ab. Die Frage ist hierbei, ob die Abweichungen noch theoretisch erklärt werden können oder ob die getroffenen theoretischen Annahmen für den Test nicht gültig sind. Die Prüfverfahren für die Messmodelle hängen dabei von dem angewendeten Modell ab. Die Dimensionalität eines Modelles kann mittels Konfirmatorischer Faktoranalysen aus dem Bereich der Verfahren der Strukturgleichungsmodellierung oder mehrdimensionaler IRT-Modelle geprüft werden (Brown 2015).

Für die Konstruktion der LVD ist es somit notwendig, ein empirisches Messmodell zu entwerfen und zu prüfen, welches für mehrere Messzeitpunkte reliabel misst. Dies wird im optimalen Fall mit einem umfangreichen Messmodell mit einer Prüfung über mehrere Messzeitpunkte mit ausreichender Stichprobe für die jeweiligen theoretischen Annahmen durchgeführt.

Zur Analyse der empirischen Modelle in der LVD schlagen Wilbert und Linnemann (2011) vier Schritte vor. Im ersten Schritt wird der Test mittels der deskriptiven Statistik und der Itemanalyse im Rahmen der KTT überprüft. Hierbei werden die Trennschärfen und Schwierigkeiten der Items betrachtet sowie die interne Konsistenz und Retest-Reliabilität zwischen den einzelnen Messzeitpunkten überprüft. Im zweiten Schritt wird die Dimensionalität des Tests mittels Konfirmatorischer Faktorenanalysen (Confirmatory Factor Analysis) getestet. Wilbert und Linnemann (2011) empfehlen ein eindimensionales Modell für die Konstruktion von LVD. Um zu prüfen, ob der Test über die Zeit fair misst, werden wiederum IRT-Modelle benötigt. Hier kann die Passung der Items zum Raschmodell (Kap. 5.3) innerhalb eines Messzeitpunkts oder über die Zeit geprüft werden. Im letzten Schritt wird die Testfairness für verschiedene Gruppen geprüft. Dadurch wird untersucht, ob einzelne Items durch komplexe sprachliche Formulierung in den Aufgabenstellungen oder durch fehlendes nicht-mathematisches Wissen die Erfassung der mathematischen Kompetenz verzerren. Solche verzerrenden Items müssen dann aus dem Test entfernt werden. Daher werden die Schwierigkeiten der Items in Bezug auf die Testfairness auch anhand von unterschiedlichen Gruppen von SchülerInnen (z. B. SchülerInnen mit Migrationshintergrund, SchülerInnen sonderpädagogischen Unterstützungsbedarf im Schwerpunkt Lernen) geprüft. Diese Fragen und Methoden werden im Folgenden weiter besprochen.

5.3 Skalierung in der Lernverlaufsdiagnostik

Eine Grundfrage des Messens ist, wie die einzelnen Aufgaben eines Tests oder Antworten eines Fragebogens verrechnet werden, um einen Wert für die einzelnen Personen zu bilden. Hierbei gibt es in den Sozialwissenschaften zahlreiche Möglichkeiten und testtheoretische Modelle. In der schulischen Praxis werden Schulaufgaben und Tests meist nach der durchschnittlichen Leistung aller Schüler einer Klasse konstruiert und zusätzlich leichtere und schwere Aufgaben hinzugefügt. Die Anzahl der gelösten Aufgaben wird addiert und so der Summenwert als Personenwert ausgewertet (Kubinger 2019). Ein Test erfüllt das Kriterium der Skalierung, wenn diese Verrechnungsvorschriften der resultierenden Testwerte das empirische Messmodell adäquat abbilden (Kubinger 2019). Geprüft werden dabei die angenommenen strukturellen Zusammenhänge zwischen den manifesten und latenten Variablen, die Zusammenhänge zwischen verschiedenen latenten Variablen und die angenommenen schwierigkeitsgenerierenden Merkmale. Dafür bieten sich insbesondere Modelle der IRT an, also wahrscheinlichkeitsbasierte Modelle.

Das einfachste Modell ist das Raschmodell, bei dem nach erfolgreicher Prüfung der Summenwert aller richtig gelösten Aufgaben dem Personenwert entspricht. Dabei wird angenommen, dass jedes Item die Kompetenz der Person gleich gut misst. Die Messfehler der Items hängen nicht zusammen und sind voneinander unabhängig. Dies wird dadurch versinnbildlicht, dass zwischen den Quadraten im Messmodell keine direkten Verbindungen bestehen (Abb. 8). Es werden also keine Korrelationen verrechnet, obwohl ein empirischer Zusammenhang besteht, wenn beispielsweise die Lösungen der Aufgaben 4 + 3 und 2 + 5 in einer Stichprobe auf ihren Zusammenhang geprüft würden. Grundsätzlich wird stattdessen angenommen, dass die Wahrscheinlichkeit, ähnliche Aufgaben zu lösen, global von der Fähigkeit einer Testteilnehmerin oder eines Testteilnehmers und den Eigenschaften der Aufgabe abhängt. Da die Aufgaben ähnlich sind (im Beispiel Addition ohne Zehnerübergang mit einer ungeraden Zahl), sind zudem die schwierigkeitsgenerierenden Merkmale gleich. Diese Merkmale definieren die Schwierigkeit. Die Schwierigkeit der Aufgabe wird als relevanteste Aufgabeneigenschaft betrachtet. Die Breite der Schwierigkeit der Aufgaben, die zu einem Test kombiniert werden, stellt zugleich den Teil des Leistungsspektrums dar, der abgebildet werden soll. Innerhalb des festgelegten Schwierigkeitsspektrums sollten die Aufgaben unterschiedlich schwer sein, damit am oberen und am unteren Leistungsrand trennscharf gemessen werden kann.

Der Zusammenhang von Schwierigkeit respektive Lösungswahrscheinlichkeit eines Items und der Personenfähigkeit kann in einer Item Characteristic

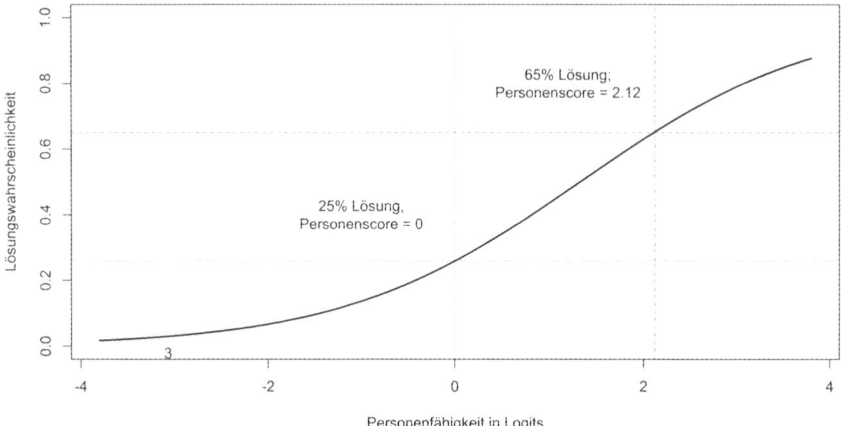

Abb. 9: Personenfähigkeit im Verhältnis zur Lösungswahrscheinlichkeit eines Items (Item 3).
Anmerkung: Logits der Personenfähigkeit beschreiben den natürlichen Logarithmus der Wahrscheinlichkeit für eine Person, ein Item zu lösen.

Curve (ICC) abgetragen werden (Abb. 9). Dabei ist auf der x-Achse die Personenfähigkeit und auf der y-Achse die Lösungswahrscheinlichkeit abgetragen. Dies ist nützlich, um einzuschätzen, wie die Lösungswahrscheinlichkeiten mit den Personenfähigkeiten in unterschiedlichen Schwierigkeits- und Leistungslagen zusammenhängen.

Die Lösungswahrscheinlichkeit für eine Person mit der Personenfähigkeit 0 liegt bei 50 % und die Lösungswahrscheinlichkeit bei einer Person mit der Fähigkeit 2.12 liegt bei 65 %. Die Wahrscheinlichkeit, ein Item zu lösen, ändert sich also in Abhängigkeit zur Personenfähigkeit. In der ICC werden die Form des Zusammenhangs und welche Personen mit welchen Fähigkeiten ein Item leichter lösen erkennbar. Anhand dieser Eigenschaften der Items kann für den Test geprüft werden, ob hinreichend viele und funktionale Items in jedem Leistungsbereich vorliegen. Idealtypisch würden für einen IRT konformen Test Items benötigt, die mit einer niedrigen Personenfähigkeit mit hoher Wahrscheinlichkeit zu lösen sind, und Items, die mit einer hohen Personenfähigkeit mit niedriger Wahrscheinlichkeit zu lösen sind. In der Abb. 10 sind verschiedene Items abgetragen.

Das **Raschmodell** ist das einfachste der Modelle aus der IRT- Familie. Es ist nach dem dänischen Mathematiker Georg Rasch benannt (Rasch 1980) und kann zur Analyse dichotomer, also zweiwertiger (richtig/falsch) Variablen verwendet werden. Das Rasch-Modell ist ein sogenanntes Einparameter-logistisches-Modell

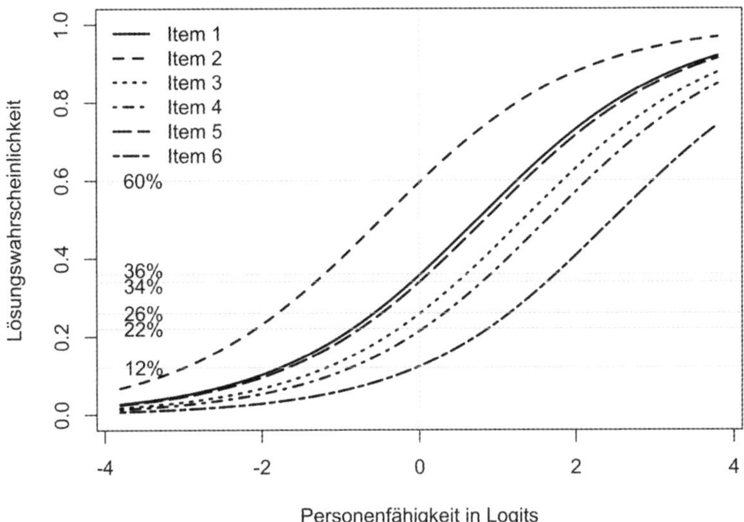

Abb. 10: Personenfähigkeit im Verhältnis zur Lösungswahrscheinlichkeit multipler Items (Items 1 bis 6).

Anmerkung: Logits der Personenfähigkeit beschreiben den natürlichen Logarithmus der Wahrscheinlichkeit für eine Person, ein Item zu lösen. Die Prozentwerte beschreiben die Lösungswahrscheinlichkeit bei einer mittleren Personenfähigkeit (Personenfähigkeit = 0). Wie gesehen werden kann, weisen die Items verschiedene Kurven auf und haben demnach unterschiedliche Schwierigkeitslagen für unterschiedliche Fähigkeitsbereiche. Dabei sind die Verläufe aber parallel und kreuzen sich nicht. Wird die Kurve des Item 2 betrachtet, dann hat eine Person mit mittlerer Kompetenz, also einer Personenfähigkeit von 0 Logits (x-Achse), eine Lösungswahrscheinlichkeit von 60 % (y-Achse). Dieselbe Person löst Item 3 dagegen nur mit 26 %. Auf diese Weise kann beispielsweise oberflächlich visuell geprüft werden, ob die Items hinreichend unterschiedliche Fähigkeitslagen adressieren.

(1PL-Modell), was bedeutet, dass allein die Itemschwierigkeit aus den Antworthäufigkeiten geschätzt wird. Es wird angenommen, dass der Schwierigkeitsparameter für alle Testteilnehmer gleich ist. Es liegt also eine Vereinfachung der vorgestellten ICC vor. Die Lösung eines Items setzt sich also zusammen aus der mittleren Itemschwierigkeit und der Personenfähigkeit. Der Personenparameter wird wiederum auf Basis der beobachteten Daten geschätzt und dessen Genauigkeit wird über den Standardmessfehler dieser Schätzung bestimmt, womit eine Einschätzung der generellen Reliabilität möglich wird.

Exkurs: Erweiterungen des Rasch-Modells

Während das Rasch-Modell ursprünglich nur für dichotome Antworten gedacht war, gibt es inzwischen zahlreiche Erweiterungen auch für polytome Antworten und multiple Einflussfaktoren. Eine Erweiterung für polytome Antwortmöglichkeiten (z.B. 2,1,0; richtig/teilweise richtig/falsch) ist das sogenannte Partial-Credit-Modell (Wright/Masters 1982). Zweiparametrische Modelle (2PL) beispielsweise das Modell nach Birnbaum (1968) oder das Generalized-Partial-Credit-Modell (Muraki 1992) schätzen einen weiteren Itemparameter, den Diskriminanz- oder Steigungsparameter, welcher unterschiedliche Trennungsfähigkeit in Abhängigkeit zu der ICC berücksichtigen. Ein 3PL-Modell (Birnbaum, 1968) ergänzt wiederum einen sogenannten Rateparameter.

Neben dem Raschmodell gibt es noch IRT-Modelle. Ein restriktiveres Modell ist das Binominalmodell, welches Klauer (2011) in seiner LVD Mathematik 2–4 (LVD M 2–4) verwendet. Nach diesem Modell gilt das Raschmodell, aber zusätzlich haben alle Aufgaben die gleiche Schwierigkeit. Dies hat den Vorteil, dass jedes Testblatt bei der Durchführung individuell anhand eines Computers aus einem gleich schweren Itempool gezogen werden kann. So können viele gleich anspruchsvolle Paralleltests entworfen werden, ohne zuvor die Verteilung der Schwierigkeiten der Items kontrollieren zu müssen. Die Herausforderung an dieser Stelle ist es, noch präziser zu bestimmen, ob die Schwierigkeitslage des Tests für die Schülerinnen und Schüler angemessen ist. Ebenso kann das Rasch-Modell an sich auch erweitert werden, indem die Aufgaben unterschiedlich stark gewichtet werden, um einen bestimmte Itemschwierigkeit oder einen bestimmten Aufgabentyp stärker hervorzuheben. Für ein solches Modell werden aber weitere statistische Modelltests zur Prüfung der Konformität der Aufgaben benötigt.

Das Ziel der praktischen Anwendung hat eine hohe Relevanz für die verwendeten Auswertungsmethoden. Wenn die Verfahren überkomplex werden, können Lehrkräfte nicht mehr allein die Ergebnisse anhand von Summen und eines Graphen als Lernentwicklung eines Schülers interpretieren, sondern benötigen weitere Informationen. Je komplexer die Modelle sind, umso mehr Informationen werden zur Auswertung und zur Gewichtung der Items benötigt. Tests mit vielen unterschiedlichen Aufgabentypen und komplexen Auswertungsmethoden (z.B. polytome Items und Mehrdimensionalität) sind sicherlich realitätsnäher, aber in der pädagogisch-diagnostischen Praxis nicht zwangsweise nützlicher.

5.3.1 Testinhalte

Weitere Grundfragen zur Skalierung stellen sich je nach Konstruktionsart der LVD. Im nachfolgenden sind die Fragen zur Skalierung anhand der Ansätze Curriculum-Sampling und des Robusten Indikators dargestellt.

Der Ansatz des **Curriculum-Samplings** verwendet unterschiedliche repräsentative Aufgaben des Schuljahres. Da die Aufgaben verschieden sind (z. B. Division und Addition), ist der Test multidimensional, um alle unterschiedlichen Anforderungen des gesamten Schulfaches messen und darstellen zu können. Die Schwierigkeit der Items in den einzelnen Tests wird dann entweder über alle Dimension konstruiert oder anhand leichter, mittlerer und schwerer Items innerhalb der einzelnen Dimensionen beachtet.

Der Ansatz **Robuster Indikatoren** dagegen versucht einen möglichst eindimensionalen Test zu entwerfen. Im Mittelpunkt dieses Ansatzes steht es, einen Indikator zu konstruieren, der einen wichtigen Beitrag für die schulische Kompetenz liefert und über lange Zeit trainiert werden sollte (Beispiel Leseflüssigkeit). Für diesen Ansatz steht die Frage nach den Itemschwierigkeiten im Mittelpunkt. Entweder wird für den Test eine gleiche Anzahl an leichten, mittleren und schweren Items (Raschmodell) oder es werden Items mit derselben Itemschwierigkeit (Binominalmodell Klauer 2011) konstruiert. Im Mittelpunkt steht hierbei die Frage, nach welchen Regeln die Schwierigkeiten konstruiert werden. Welche Annahmen und Hypothesen hat man, warum das Item für die Schülerinnengruppe leicht oder schwer wird. Meist werden in der Forschung und Testentwicklung diese Überlegungen beachtet, aber nicht explizit geprüft und erwähnt, sondern meist nur implizit benannt.

Unter dem Stichwort automatische Item-Generierung (Automatic Item Generation) findet sich aber immer mehr Forschung (Holling et al. 2009), welche Regeln aufstellt, diese Regeln systematisiert und dann anhand eines Linearen logistischen Testmodells (LLTM) nach Fischer (1995) überprüft. Beispielsweise könnten sich die Regeln Addition/Subtraktion und mit/ohne Zehnerübergang systematisiert bei der Konstruktion anwenden:

Item 1: 4 + 5 = ? Keine Subtraktion (0), kein Zehnerübergang (0)
Item 2: 3 – 2 = ? Subtraktion (1), kein Zehnerübergang (0)
Item 3: 11 – 2 = ? Subtraktion (1), Zehnerübergang (1)

Damit würden für das Item 1 keine Schwierigkeitsparameter, für das Item 2 der Schwierigkeitsparameter allein für Subtraktion und für Item 3 die für Subtraktion und den Zehnerübergang angewendet werden. Die Schwierigkeiten ergeben sich aus den mittleren Schwierigkeiten der Items mit und ohne diese Eigenschaften. Diese Schwierigkeiten werden summiert und ergeben eine Schätzung der Itemschwierigkeit. Dies ist weniger präzise, als wenn die Schwierigkeiten aus den Daten itemweise berechnet werden, erlaubt aber eine Überprüfung der regelbasierten Konstruktion sowie der Wirkung der einzelnen Regeln. Es kann geprüft werden, ob ein Modell unter dieser Annahme ähnlich gut zu den empirischen Daten passt wie ein weniger rigoroses Rasch-Modell. Wilbert (2014) empfiehlt diesen strengen Ansatz zur Konstruktion von LVD, da meist mehrere Möglichkeiten vorliegen, den Test schwieriger zu gestalten. An Hand dieses Ansatzes können die einzelnen Regeln empirisch geprüft werden. Dies ist wichtig, da die Regeln die Breite und Sensitivität des Tests bestimmen und somit auch für die Anwendung und Interpretation entscheidend sind.

Im optimalen Fall entsprechen die theoretischen Konstruktionsregeln dem empirisch vorgefundenen Messmodell. Dann kann auch ein Computer nach diesen Regeln automatisch Items generieren und weitere Items entwerfen. Im überprüften Bereich sollte dann bei den automatisch generierten Items keine Gefahr bestehen, dass der Test andere Konstrukte als das gewünschte misst. Die Reliabilität wäre sichergestellt.

5.3.2 Speedtest

Eine weitere Schwierigkeit für die Skalierung ist, dass die meisten Tests der LVD als **Speedtest** durchgeführt werden. Um im Unterrichtsalltag pragmatisch und einfach während einer Freiarbeitsphase oder als kurze Gruppentestung eingesetzt zu werden, sind die meisten Tests sehr kurz. Lesetests dauern oft zwischen einer und fünf Minuten, Mathematiktests zwischen drei und zehn Minuten. Neben der Testökonomie ist ein weiterer wichtiger Grund für einen kurzen Test die Konzentrationsspanne der Kinder. Tests zur LVD sollen die Lernentwicklung, nicht aber die Konzentrationsdauer messen. Daher sollten die Tests nur so lange dauern, wie auch das Kind seine optimalen kognitiven Leistungen hervorbringen kann. Dies ist insbesondere für Kinder mit Lern- oder Konzentrationsschwierigkeiten ein wichtiger Aspekt. Auf diese Weise werden ungewünschte mehrdimensionale Effekte vermieden.

Die optimale Testzeit kann durch die empirische Messung geschätzt werden, wenn neben der Bearbeitung der Aufgaben auch die Zeit pro Aufgabe miterfasst wird. Dies ist beispielsweise bei Computertests oder Onlinetests meist der Fall. Je mehr Aufgaben, desto mehr Informationen liegen über das Kind vor und umso genauer misst der Test die Kompetenz des Kindes. Gleichzeitig ist der Standardfehler der Messung geringer.

Ab einer Mindestanzahl von Items nimmt dieser Zusammenhang ab und es beginnt eine Sättigung. Daher ist der Zusammenhang auch nicht linear, sondern entspricht eher einer logarithmischen Kurve. Am Beispiel in der Abb. 11 ist erkennbar, dass hier 22 valide bearbeitete Items ausreichend sind, um mit einer hinreichenden Reliabilität (ca. 0.80) die Personenfähigkeit zu schätzen. Dies kann wiederum mittels der Bearbeitungszeiten in Minuten umgerechnet werden und ergibt im Beispiel ca. 3,5 Minuten bei etwa 10,5 Sekunden Bearbeitungszeit pro Item.

Da die Kinder unterschiedliche Bearbeitungsgeschwindigkeiten haben, ist es sinnvoll, so viele Aufgaben im Test zu verwenden, dass auch das schnellste Kind nicht alle Aufgaben lösen kann. Damit wird ein Deckeneffekt durch die Anzahl der Items vermieden. Der Deckeneffekt, der dann auftreten wird, ist der gewünschte Effekt aus der kombinierten Bearbeitungs- und Lösungsgeschwindigkeit mit der Kompetenz. So kann die Lesegeschwindigkeit nicht beliebig stark trainiert werden, sondern gute LeserInnen pendeln sich bei einem hohen Wert pro Minute ein.

Für die Konstruktion eines reinen Speedtests wird in der psychologischen Forschung (Roskam 1997; van Breukelen 2005) häufig angenommen, dass alle Items

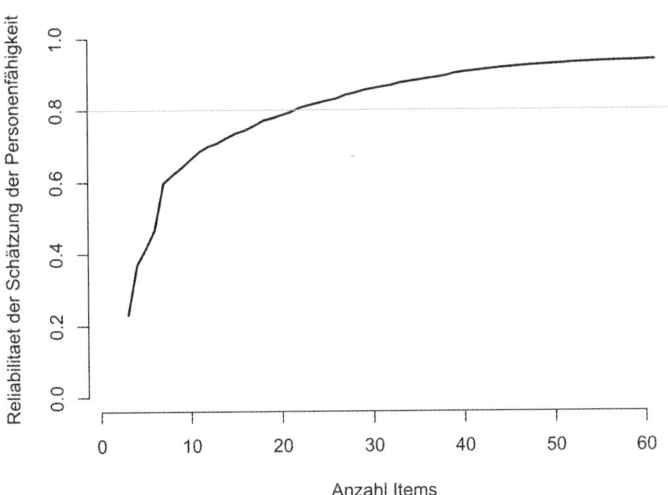

Abb. 11: Reliabilität der Schätzung der Personenfähigkeit in Abhängigkeit zu der Länge des Tests.

Anmerkung: Die horizontale graue Linie beschreibt einen Schwellenwert für eine hinreichende Reliabilität der Schätzung der Personenwerte. Die Daten wurden bei der Anwendung des sinnkonstruierenden Lesetests der Onlineplattform www.levumi.de generiert (Niveaustufe N4; N = 761; Jungjohann et al. 2018b).

gleich schwer sind. So muss ein Proband beim d2-Test (Brickenkamp et al. 2010) alle Buchstaben „d“ ankreuzen, die er in wenigen Minuten auf einer Seite mit den Buchstaben „d“ und „p“ findet. Der Summenscore ergibt sich anhand der Anzahl der richtig gelösten Aufgaben. Da die Aufgabenstellung in diesem Test immer die gleiche ist, ist der Test fair. Unfair wäre, wenn eine Person in ihrer Bearbeitungszeit einen höheren Anteil an schweren Items hat als eine andere Person. Wenn nun im Speedtest die Personen unterschiedlich viele Items lösen, ist es wichtig zu ermitteln, ob im Schnitt alle Tests ähnlich schwer sind. Dies kann sicherstellen, dass das Kind entweder nur gleich schwere Items oder im Durchschnitt gleich schwere Tests aus Anteilen von leichten, mittleren und schweren Items bearbeitet. Für die LVD ist es wichtig, dass diese Fairness zwischen den Personen, aber auch zwischen den verschiedenen Messzeitpunkten überprüft und sichergestellt wird.

5.3.3 Powertest

Theoretisch kann die LVD auch als Powertest entworfen werden. Beim Powertest ist die Anzahl der Aufgaben begrenzt und dafür die Testzeit theoretisch unbegrenzt (Fisseni 2004). Eine LVD besteht dann beispielsweise aus zehn Paralleltests mit jeweils 20 Aufgaben. Die 20 Aufgaben sind nach Schwierigkeiten sortiert, beginnend mit den leichtesten Aufgaben. Sobald die Kinder drei nacheinander folgende Aufgaben nicht lösen können, dürfen sie abbrechen. Im Vergleich zum Speedtest sollte der Powertest einen breiteren Rahmen an Itemschwierigkeiten beinhalten. Diese Form der Testung ist im Alltag für die Lehrkraft aufgrund der fehlenden Zeitbegrenzung schwieriger durchzuführen. So kann ein Teil der SchülerInnen nach wenigen Minuten und andere SchülerInnen erst nach einem längeren Zeitraum die Aufgaben beenden. Problematisch ist insbesondere die Frage, wann das Kind oder die Lehrkraft den Test abbricht. Liegt es am Test oder der Ablenkung im Klassenzimmer oder an der Frustration, da die Aufgaben zu schwer sind?

5.3.4 Item- und Personenparameter

Bei der Berechnung der Werte im Rahmen der IRT werden zuerst die Itemparameter berechnet oder geschätzt und danach getrennt die Personenparameter. Dieses Vorgehen ermöglicht eine Auswertung und Inspektion aller getrennter Parameter und zugleich eine gemeinsame Betrachtung auf der Grundlage einer gleichen Metrik (Wilbert 2014). Dies hat verschiedene Vorteile gegenüber der traditionellen KTT. Es können gezielter Probleme der Modell- und Itemanpassungen adressiert werden und parallel können zum einen die Passungen der Personen zum Modell bestimmt und zum anderen präzise Schätzungen der Personenfähigkeit abgeleitet werden.

Zudem kann die Angemessenheit des gesamten Tests (im Rahmen der IRT also der Itemauswahl) darüber geprüft werden, dass die Verteilung der Personenfähigkeiten der Verteilung der Schwierigkeiten gegenübergestellt wird (Abb. 12). Dies kann mit einer sogenannten Wright-Map vorgenommen werden. Hier sind auf der rechten Seiten die bereits bekannten Itemschwierigkeiten aufgezeigt und auf der linken Seite kann die Verteilung der angenommenen oder beobachteten Fähigkeiten abgeglichen werden. Anhand des Beispiels kann nachvollzogen werden, dass die Itemschwierigkeit von 0 Logits (mittlere Kompetenz) oberhalb des Mittelpunktes der beobachteten Fähigkeitsverteilung liegt. Das bedeutet, dass der Test etwas zu schwer ist.

Tests können auch so konstruiert werden, dass motivationale Effekte berücksichtigt werden. Dazu können mehr leichte Items als nötig eingeführt werden, um die Selbstwirksamkeit der Lernenden zu fördern (Rheinberg et al. 2001).

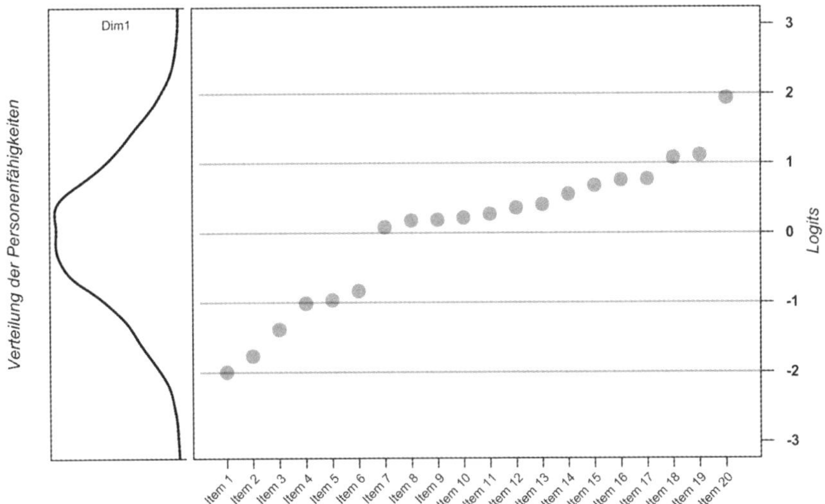

Abb. 12: Gemeinsame Verteilung der Lösungswahrscheinlichkeiten der Items und der Personenfähigkeiten.
Anmerkung: Auf der linken Seite der Abbildung ist die Verteilung der Personenfähigkeiten abgetragen. Auf der rechten Seite der Abbildung sind die Lösungswahrscheinlichkeiten der Items abgetragen. Beide Seiten sind auf einer Logit Skala verortet, so dass ein direkter Vergleich möglich ist.

Zugleich muss aber berücksichtigt werden, dass noch immer genug schwere Items enthalten sind, um im oberen Fähigkeitsbereich ausreichend gut zu differenzieren. Im Rahmen adaptiver computerbasierter Tests ist es möglich, die Itemauswahl so zu steuern, dass ein Kind eher leichte Aufgaben erhält, so lange es Fehler macht. So kann beispielsweise sichergestellt werden, dass es immer mehr als x% richtige Items hat und gezielt nur wenige schwierige Items erhält.

Für die Praxis ist dabei wichtig, dass die Lehrkraft die unterschiedlichen Schwierigkeiten der Items sowie deren Konstruktionsregeln nachvollziehen kann, um auch vom Graphen und den Auswertungen didaktische Entscheidungen korrekt ableiten zu können.

Zusammenfassend ist die Anwendung der KTT aufgrund der modernen Möglichkeiten der Überprüfung von Passung von Einzelitems, Dimensionalität, Invarianz der Messungen über die Zeit und zwischen Gruppen und Änderungssensibilität nicht mehr der aktuelle Stand der Wissenschaft (Klauer 2014). Empfohlen werden daher neuere Ansätze zur Überprüfung dieser Fragestellungen mittels Strukturgleichungsmodellierung und auch der IRT (Rost 2004).

Zur Vertiefung werden hier insbesondere die Arbeiten von Wilbert (2014) und Wilbert und Linnemann (2011) empfohlen.

5.4 Qualitätskriterien

LVD hat hohe Anforderungen an die Einhaltung der Gütekriterien der psychologischen Diagnostik. Erst wenn der Test reliabel und fair misst, können die Messwerte über die Zeit interpretiert werden. Die wesentlichen Gütekriterien der Tests sind – wie in der Einführung von Kapitel 5 dargestellt – Objektivität, Reliabilität und Validität (Klauer 2006).

Insbesondere das Maß der Reliabilität kann für die Messung des Lernens nicht so einfach überprüft werden wie ein Schulleistungstest zu einem Messzeitpunkt. Nach Wilbert und Linnemann (2011) werden weitere Prüfungen benötigt:

1. Eindimensionalität des Tests, um ihn einfach interpretieren zu können
2. faire Messungen zu einem Messzeitpunkt für alle Kinder, über die Zeit und für verschiedene Subgruppen
3. Änderungssensibilität der spezifischen Gruppe, um die Leistungen der spezifischen SchülerInnen auch zu erfassen

LVD muss zwei meist eher gegensätzlichen Anforderungen entsprechen. Für die Anwendung in der Praxis muss es eine einfache, ökonomische Form der

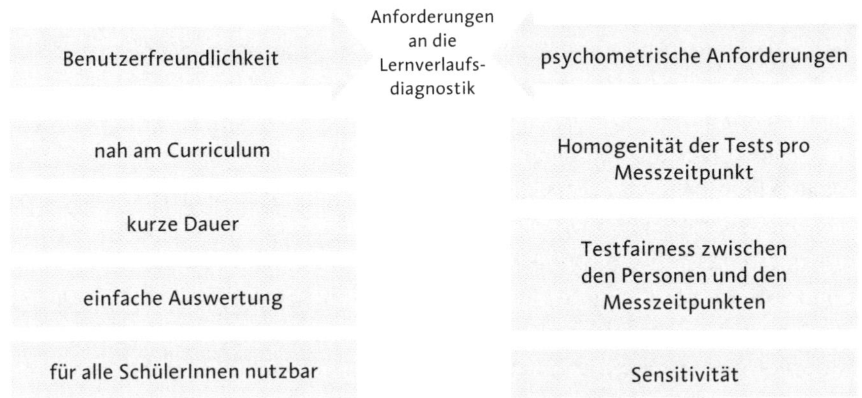

Abb. 13: Anforderungen für die Bewertungen von Tests der LVD

Messung sein, die für die Lehrkraft leicht verständlich ist und gut in bestehende Unterrichtskonzepte eingefügt werden kann. Erst wenn die LVD den **Anforderungen für einen implementierbaren und benutzerfreundlichen Test** entspricht, werden die Lehrkräfte LVD auch einsetzen (Hopster-den Otter et al. 2017). Im Gegensatz dazu muss der Test den **psychometrischen Anforderungen** entsprechen (Lord / Novick 1968), um stabile Ergebnisse für verschiedene SchülerInnen über die Zeit zu erheben. In Abb. 13 sind diese verschiedenen Anforderungen dargestellt.

Diese verschiedenen Anforderungen an die LVD werden anhand der drei psychometrischen Anforderungen Homogenität, Fairness und Sensibilität sowie dem Qualitätskriterium der Benutzerfreundlichkeit erörtert und nachfolgend dargestellt.

5.4.1 Homogenität der Tests pro Messzeitpunkt

Homogenität bedeutet, dass der Test aus ähnlichen Items besteht und als eindimensional betrachtet werden kann. Bei wiederholter Kurzzeitmessung, wie es in der LVD der Fall ist, werden Tests aus inhaltlich ähnlichen Items benötigt, um zu verhindern, dass Merkeffekte und andere Elemente (z. B. die Lesefähigkeit in Mathematik) die Messungen verfälschen. Dies wird meist durch parallele Tests erreicht, welche mit fast identischen Items zu verschiedenen Messzeitpunkten aufgebaut sind. Die Konstruktion eines Tests mit parallelen Versionen für mehrere Messzeitpunkte hat spezielle Anforderungen. Die Itemschwierigkeiten innerhalb einer Parallelversion sollte unterschiedlich sein, damit das gesamte

Fähigkeitsspektrum abgebildet wird, während die Schwierigkeit des gesamten Tests über die Zeit hinweg konstant ist (z. B. Embretson/Reise 2000).

Für die Untersuchung der Eindimensionalität der Tests müssen die Eigenschaften der Testitems und das verwendete Messmodell berücksichtigt werden. Dies kann überprüft werden, indem gleichzeitige Modelle mit den gleichen inhaltlichen Elementen, aber unterschiedlichen (im Wesentlichen soliden) dimensionalen Annahmen verglichen werden (z. B. Anderson et al. 2017).

Um beispielsweise die Annahme für einen mathematischen Test zur Addition zu überprüfen, könnte ein Modell mit einer einzigen Dimension, welches die Fähigkeit zur Addition von Summanden darstellt, berechnet werden. Dies kann mit einem Modell verglichen werden, das mit den gleichen Items parallel auch auf Lesefähigkeit prüft, indem die textlastigen Aufgaben diese zweite Dimension determinieren. Der Vergleich kann durchgeführt werden, indem die Passungen der Modelle verglichen und geprüft werden, ob das zweidimensionale Modell die Daten besser repräsentiert als das eindimensionale Modell (Bollen 2002). Der Vergleich von theoretisch soliden Modellen stellt jedoch ein Problem dar, denn es gibt eine unbegrenzte Anzahl von denkbaren Modellen. Jedes einzelne Element kann durch eine (unentdeckte) andere Variable beeinflusst werden. Stout (1990) führte daher den Begriff der wesentlichen oder praktischen Dimensionalität ein. Demnach gelten Tests als eindimensional „genug", wenn theoretisch relevante Modellvergleiche vorgenommen wurden. Inwieweit die theoretischen Modelle mit den empirischen Modellen übereinstimmen und welches empirische Modell das passendste ist, kann sowohl mit Strukturgleichungsmodellierung als auch mit IRT-Modellen in quer- und längsschnittlichen Modellen geprüft werden.

5.4.2 Testfairness zwischen Personen und Messzeitpunkten

Ist das theoretische Modell zum empirischen Modell als passend festgelegt worden, muss die Frage gestellt werden, ob diese generelle Interpretation des Tests für alle Testzeitpunkte und wichtigen Personengruppen gilt. Um überhaupt als LVD zu zählen, muss der Test entweder für alle Kinder oder eine spezifische Gruppe zu jedem Messzeitpunkt gleich schwierig sein (AERA et al. 2014; Gebhardt et al. 2016; Wilbert/Linnemann 2011).

Während summative Statustests nur zu einem Messzeitpunkt alle Kinder vergleichen und messen, müssen LVD auch über die Zeit fair alle Leistungen der Kinder erfassen. Der Vergleich über die Zeit ist vorrangig, um auf individueller Ebene den Lernverlauf zu interpretieren. Daher empfiehlt es sich, zuerst die Fairness über die Zeit und dann die Fairness für verschiedene

Gruppen zu messen. Die Fairness der LVD ist eine große Herausforderung und es kann passieren, dass der Test nach der empirischen Prüfung nur eingeschränkt für eine spezifische Zielgruppe angewendet werden kann und nicht für alle SchülerInnen gilt, da er für eine Gruppe besonders schwer oder leicht sein könnte.

Um Fairness innerhalb von Individuen über die Zeit zu erreichen, müssen die Schwierigkeiten der Testaufgaben für den Einzelnen gleich gehalten werden, während gleichzeitig Gedächtniseffekte kontrolliert werden. Eine Möglichkeit, diese Effekte zu steuern, ist es, bei jeder Durchführung eines Tests verschiedene Elemente oder parallele Testformen bereitzustellen. Denn es muss davon ausgegangen werden, dass Lernverlaufstests in relativ kurzen Zeitfenstern nicht nur ein- oder zweimal „fair", sondern auch n-mal „fair" durchgeführt werden müssen. „n" ist definiert durch die Häufigkeit, mit der ein Test durchgeführt werden muss, um Lernen oder Stagnation zuverlässig zu erkennen. Um Gedächtnis-Effekte auszuschließen, sollte sich nur eine relativ kleine Anzahl von Items in den Tests wiederholen und idealerweise gar keine. Ein Ansatz besteht darin, eine maximale Anzahl von Messpunkten und die Anzahl der pro Messung erforderlichen Elemente festzulegen. Die Anzahl der Elemente, die benötigt werden, um eine aussagekräftige Messung für eine einmalige Verwendung des Tests (k) zu ermöglichen, ergibt sich aus der Zuverlässigkeit, der Reliabilität, des Tests. Also sollten n x k Elemente existieren. Wenn also 20 Items benötigt werden und mindestens fünf Messzeitpunkte nötig sind gilt n=5 und k=20 woraus sich die Zahl der nötigen Items i als i=5 x 20=100 errechnen lässt. Damit wären Mehrfachziehungen derselben Items verhindert.

Aber dies begrenzt die Anzahl der Anwendungen eines Tests für eine Person und reduziert auf diese Weise die Nutzung im Klassenzimmer auf im Beispiel 5. Ein weiterer Ansatz besteht darin, Wahrscheinlichkeiten zu nutzen und einen angemessenen Spielraum für die Wahrscheinlichkeit zu definieren, dass ein Element wiederholt wird. Bei dem Beispiel besteht eine Chance von ca. 67.2 %, dass ein einzelnes Item mehrfach gezogen wird. Die Wahrscheinlichkeit, dass fünf Items mehrfach gezogen werden ist 13.7 %.

Nachdem die Fairness zwischen den Beobachtungen einer einzelnen Person festgestellt wurde, ist die Fairness zwischen den Personen zu berücksichtigen. In diesem Zusammenhang kann Fairness definiert werden als die Schwierigkeitskonstanz verschiedener Gruppen von Testteilnehmern. Ein Test und im Rahmen von IRT insbesondere dessen Items sollten in ihrer Schwierigkeit nicht von einem Hintergrundmerkmal der Testteilnehmer abhängen. Dies kann auftreten, wenn beispielsweise hohe Leseanteile vorkommen und der Test bei Kindern mit und ohne Deutsch als Muttersprache verwendet wird. Der Test wäre für eine Gruppe unfair.

Um dies zu prüfen, können im Rahmen von IRT sogenannte Analysen für Differential Item Functioning oder im Rahmen von CFA Analysen auf Messinvarianz in Quer- und Längsschnittstudien verwendet werden. Das Prinzip ist dabei ähnlich. Das Messmodell wird getrennt für die zu kontrastierenden Gruppen gerechnet und die Parameter der Items, also die Trennschärfe und/oder Itemschwierigkeit werden verglichen. Wenn bedeutsame Unterschiede vorliegen, ist es nicht möglich, den Test für Vergleiche von Kindern aus beiden Gruppen gemeinsam vorzunehmen. In der Beschreibung eines Tests sollte explizit erläutert werden, für welche Gruppen dieser eingesetzt werden kann. Wenn es nicht expliziert ist, muss angenommen werden, dass dies nicht geprüft wurde.

5.4.3 Änderungssensibilität

Der Begriff Änderungssensibilität für Lernfortschritte bedeutet, dass ein Test in der Lage ist, das individuelle Lernen, also Differenzen in der Fähigkeit eines Kindes zwischen festgelegten Zeiteinheiten zu bemessen. Da Kinder verschieden schnell lernen, wird der Test immer besonders sensibel für eine bestimmte Zielgruppe sein. Als Zielgruppe für die LVD eignen sich entweder der Durchschnitt einer Klassenstufe oder Kinder mit Lernschwierigkeiten. Gerade für Kinder mit Lernschwierigkeiten hat LVD eine positive Wirkung, da so positive Rückmeldungen für den Unterricht ermöglicht werden und Risiken bei Lernstagnation schnell erkannt werden können. Eine LVD, die gerade bei Kindern mit Lernschwierigkeiten die kleinen Lernfortschritte nicht erkennt oder zu grob nur große Lernfortschritte misst, erfüllt den eigentlichen Anspruch nicht. So muss sichergestellt sein, dass die Tests empfindlich genug sind, um Veränderungen (eventuell kleine und langsame) innerhalb eines bestimmten Bereichs zu erkennen (Klauer 2014). Dies kann durch die Implementierung geeigneter Bewertungsmechanismen und den zeitlichen Vergleich der Mittelwerte erreicht werden.

Es können die mittlere Änderung und die individuelle Änderung herangezogen werden, um die Empfindlichkeit eines Tests über die Zeit zu bewerten. Für die Bewertung von Änderungen der Mittelwerte eines Tests können wiederholte Varianzvergleiche verwendet werden, um einzuschätzen, ob die Änderung der Gruppe realistisch ist (Souvignier et al. 2014). Um einzuschätzen, ob ein Wachstum groß oder klein ist, wird dabei ein Normwert herangezogen (Förster et al. 2017). Dieser Normwert beschreibt dabei konkret die erwartbare Veränderung über die Zeit. Da die Tests in der LVD aber in Bezug auf den Anwendungsbereich variabel sind, hat dies auch für die entsprechenden Normen eine hohe Relevanz. Dies bedeutet, dass sowohl die Stichprobenauswahl, die Zeit im Schuljahr als auch die Leistungslage innerhalb der Stichproben wichtig sind und für jede Bedingung eine repräsentative Gruppe als Vergleichsgruppe gemessen werden sollte. Ebenso ist eine Regression mit mehreren Perzentilen sinnvoll, wie berechnet bei Walter (2011a) oder Jungjohann et al. (2021c) (Abb. 14).

Anhand der Grafik (Abb. 14) kann beispielsweise beobachtet werden, wie sich das individuelle Lernen im Vergleich zu der mittleren Lernentwicklung verhält und wie es sich im Verhältnis zu dem Lernen einer Gruppe von SchülerInnen mit einem sonderpädagogischen Förderbedarf verhält.

Für individuelle Veränderungen kann hingegen geprüft werden, ob ein lineares (oder eine andere Form) Wachstum vorliegt. Dies kann geprüft werden, indem eine Wachstumskurve berechnet und geprüft wird, ob sich die Werte gut durch die Kurve beschreiben lassen (Ardoin et al. 2013). Besonders vorteilhaft sind dabei die einfache Visualisierung (Kazdin 2011) und der Abgleich mit anderen Individuen und Normen. Zu berücksichtigen sind dabei allerdings die Zeitabstände zwischen den Messzeitpunkten. Für eine Regression wird angenommen, dass die Zeitabstände ähnlich groß (äquidistant) sind. Wenn aber unterschiedliche Zeitabstände oder sogar Ferienzeiten in den Messzeitraum fallen, kann dies die Linearität unterbrechen und die Reliabilität der Beobachtung des

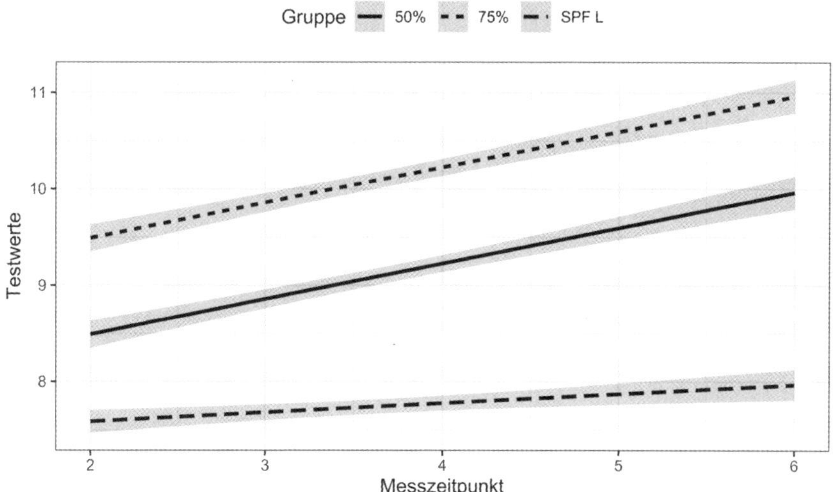

Abb. 14: Vergleiche des Lernwachstums zwischen der Gruppe von SchülerInnen im Förderschwerpunkt Lernen gegenüber dem Lernen einer Gruppe aus dem 75%sten Perzentil und einer Gruppe im 50%sten Perzentil
Anmerkung: Die schattierten Bereiche stellen die 95% Konfidenzintervalle des Lernwachstums dar.

Lernverlaufs künstlich senken (LIT). Außerdem ist eine Mindestzahl von Messungen nötig, um eine gute Schätzung des mittleren individuellen Lernwachstums zu erhalten. Christ et al. (2013) schlagen sechs bis acht Datenpunkte vor.

Die Interpretation der Ergebnisse von Lernentwicklungen hängt von der Domäne, der Schwierigkeit des Tests und dem Abstand zwischen den Beobachtungen ab. Die Annahmen zum Lernen erfordern fachspezifisches und diagnostisches Wissen. Für die Praxis ist es hilfreich, wenn Schätzungen für durchschnittliches individuelles Wachstum in einem festgelegten Zeitraum oder die Mindestabstände von Messungen angegeben werden. Ohne diese Angaben ist es nicht möglich, das Lernen zu bewerten.

5.4.4 Benutzerfreundlichkeit

Die Benutzerfreundlichkeit ist ein weiteres Gütekriterium einer LVD und sie ist für einen Praxiseinsatz existentiell. Durch eine benutzerfreundliche Gestaltung kann die Akzeptanz und damit auch eine regelmäßige Anwendung erst erreicht werden. Die Benutzerfreundlichkeit berührt dabei verschiedene Nebengütekriterien der Qualität von psychologischen Tests und ergibt sich maßgeblich aus der Nützlichkeit und der Testökonomie. Die Nützlichkeit beschreibt die Relevanz des gemessenen Merkmals in der Praxis und den Nutzen der Testergebnissen für pädagogische Entscheidungen (Moosbrugger/Kelava 2008). Die Testökonomie beschreibt die Wirtschaftlichkeit von Tests im Verhältnis zu Konkurrenzprodukten und zu den benötigten zeitlichen Ressourcen bei der Durchführung (Kubinger/Jäger 2003). Das Ziel der Benutzerfreundlichkeit ist, dass die Tests in den Schulalltag integriert und während der Unterrichtszeit durchgeführt werden. Damit dies möglich ist, müssen bei der Entwicklung einer LVD mindestens folgende Aspekte mitbedacht werden: die Einfachheit der Anwendung, die Passung zum Unterricht und der Umgang mit den Ergebnissen.

Die Tests der LVD müssen einfach und schnell im Unterricht anwendbar sein (Deno 2003a). Die Einarbeitung in die Tests sollte eigenständig und intuitiv möglich sein und durch transparente Erklärungen gefördert werden. Manche Lehrkräfte werden im Studium und durch Fortbildungen in der Anwendung einer Diagnostik geschult. Dies trifft aber nicht auf alle Lehrkräfte zu (van Ophuysen 2010), sodass manche NutzerInnen sich die Anwendung im Selbststudium aneignen.

Zur Anwendung einer LVD gehören die Vorbereitung, die Durchführung und die Auswertung der Tests. Damit eine LVD mehrfach genutzt wird, sollten die Vorbereitung und die Durchführung nur so wenig Lernzeit wie möglich in Anspruch nehmen. Aufwändige Verfahren beanspruchen zu viel Unterrichtszeit, sodass die Benutzerfreundlichkeit verringert wird und Lehrkräfte von einem engmaschigen Einsatz Abstand nehmen. Weitere Barrieren können durch hohe Kostenfaktoren und eine technisch aufwendige Umsetzung entstehen. Eine besonders ökonomische Auswertung ermöglichen digitale Testversionen, da sie die Messergebnisse automatisiert und ohne Zeitaufwand für die Lehrkräfte rückmelden. Das Ziel einer solchen Auswertung ist es, die Stärken und Schwächen der gemessenen Kompetenz auf einem Blick darzustellen. Die automatisierte Auswertung stellt eine zeitliche Entlastung gegenüber einer händischen Auswertung dar. Zusätzlich können die gemessenen Ergebnisse für unterschiedliche Interpretation aufbereitet werden. Neben den quantitativen Ergebnissen (z.B. Anzahl und prozentuale Quoten der richtigen und falschen Antworten) könnten qualitative Aspekte der Antworten (z.B. Anzeige der tatsächlichen Antwort) und Fehlerarten zusätzlich abgebildet werden. So können die häufigsten Antworten oder Fehler zusammengefasst dargestellt werden.

Ein weiterer Vorteil einer digitalen Testauswertung besteht darin, dass zusätzliche Informationen in die Auswertung miteinbezogen werden können. Ein Beispiel ist die Verarbeitungsgeschwindigkeit der TestteilnehmerInnen (Fischer 1973). Insbesondere bei isolierten Lernschwierigkeiten oder bei SchülerInnen mit Konzentrationsschwierigkeiten sind die Zeit und die Verbesserung in der Bearbeitungszeit eine zusätzliche Information für die Anpassungen der Fördermaßnahmen.

Vor der Interpretation der Ergebnisse muss den Lehrkräften ermöglicht werden, die Präzision der Messergebnisse abzuschätzen. Dies kann über geeignete Feedbackfunktionen sichergestellt werden. Feedbackfunktionen umfassen geeignete Ergebnisdarstellungen des Lernens und geeignete Auswertungsfunktionen für eine individualisierte Fehlerauswertung zur Planung weiterer pädagogischer Interventionen (Espin et al. 2017). Lehrkräfte sollten einsehen können, wie viele bearbeitete Items mindestens notwendig sind, um die Fähigkeit der Lernenden einzuschätzen und wie viele Messungen mindestens notwendig sind um eine Tendenz in einem Lernverlauf zu bewerten (Christ et al. 2013). In Bezug auf alle Formen des (automatisierten) Feedbacks sollte individuell geprüft werden, ob das vom Test zur Verfügung gestellte Feedback von den anwendenden Lehrkräften verstanden und ohne Fehler interpretiert werden kann.

Die Benutzerfreundlichkeit wird des Weiteren erhöht, wenn die interpretierten Testergebnisse zur Förderplanung nutzbar sind. Lehrkräfte müssen in der Lage sein, geeignete Schlüsse aus den Ergebnissen abzuleiten (Klauer 2011). Daher sollte das Konstrukt eines Lernverlaufstests so gestaltet sein, dass eine inhaltliche Nähe zu den curricularen Vorgaben eingehalten ist. Die Inhalte der Tests messen dann (Teil)Kompetenzen, welche mit den Unterrichtsinhalten und -zielen verbunden sind. Bei der Interpretation werden die Testergebnisse auf die aktuellen Lernschritte übertragen und davon ausgehend können didaktische Entscheidungen begründet werden. Eine Verknüpfung von Fördermaterial und Testmaterial ist hierbei eine notwendige Unterstützung.

Für die praktische Anwendung lässt sich ableiten, dass in Testmanualen belegt sein sollte, dass bei der Konstruktion Anstrengungen unternommen wurden, um den Test so knapp wie möglich zu gestalten. Tests sollten nicht nur teilweise bearbeitet werden, da in diesem Fall die prognostische Qualität nicht mehr gewährleistet werden kann. Zudem sollte in der Darstellung des Tests angegeben werden, wie viele Messzeitpunkte in welchen Abständen empfohlen werden, um eine änderungssensible Messung des Lernens vornehmen zu können. Benutzerfreundliche Tests stellen den AnwenderInnen neben der notwendigsten Beschreibung der Testdurchführung und -auswertung weiterführende Informationen zur Verfügung. Beispiel sind Handbücher, die Vorschläge zur rhythmisierten Anwendung im Unterricht erklären oder eine Verbindung zwischen den Testergebnissen und Fördermöglichkeiten herstellen (Ardoin et al. 2013). Tests müssen fachlich korrekt, aber ebenso nützlich, anwendbar und nachvollziehbar gestaltet sein. Ein Test, der die Benutzerfreundlichkeit außer Acht lässt, wird keinen Effekt auf das pädagogische Handeln am Kind haben.

6 Lesen

Lernverlaufstests zur Messung von Lesekompetenzen werden nach dem Prinzip des Robusten Indikators konstruiert. Die Lesetests unterscheiden sich in der Konstruktion dahingehend, welche Teilkompetenz des Lesens stellvertretend gemessen wird. In Anlehnung an Leseerwerbsmodelle erwerben SchülerInnen zunächst basale und daran anschließend hierarchiehöhere Lesekompetenzen. Zu basalen Lesekompetenzen zählen eine ausreichend hohe Leseflüssigkeit und ein basales Leseverständnis auf Wort-, Satz- und Textebene (National Institute of Child Health and Human Development 2000). Hierarchiehöhere Lesekompetenzen beziehen sich vorwiegend auf ein differenziertes Leseverständnis von unterschiedlichen Textarten (Lenhard 2019).

Lernverlaufstests für das Lesen messen häufig einen Teil der basalen Lesekompetenzen wie die Leseflüssigkeit oder das Leseverständnis. Die Tests sind meist als Speedtests mit einer Dauer von wenigen Minuten konstruiert und messen, wie viele richtige Antworten in einer festgelegten Zeit gegeben werden. Deno et al. (1982a) entwickelten für die formative Messung von Lesekompetenzen bei SchülerInnen mit Lernschwierigkeiten die allerersten fünf Testformen nach dem Ansatz des CBM: Lesen von Wortlisten, Lesen von Wörtern im Kontext, Mündliches Lesen, Lückentests für sinnkonstruierendes Lesen und Wortbedeutungen (Kap. 4.1). Im Laufe der Zeit setzten sich zur Erfassung von Lesekompetenzen zwei grundsätzliche Arten von Lernverlaufstests durch: Leseflüssigkeitstests und Maze-Aufgaben (Graney et al. 2010).

Leseflüssigkeitstests erheben die Leseflüssigkeit durch lautes Vorlesen von Silben, Wörtern oder zusammenhängenden Texten und ihre Durchführung dauert meist 60 Sekunden (Walter 2009). Unter der Leseflüssigkeit wird die Fähigkeit zum automatisierten und unbewusst ablaufenden Lesen von Texten verstanden (Rosebrock et al. 2017). Das laute Vorlesen gilt als Robuster Indikator für die allgemeine Lesekompetenz und ist schon sehr weit erforscht (Fuchs et al. 2001). Leseflüssigkeitstests können ab dem Buchstabenerwerb bis hin in die Sekundarstufe genutzt werden. Die Testformen unterscheiden sich anhand der Items, welche die SchülerInnen laut vorlesen. Bei der ersten Form von Leseflüssigkeitstests (engl. oral reading fluency) wird ein zusammenhängender Text möglichst ohne Fehler laut vorgelesen. Bei der Beurteilung wird nicht zwischen unterschiedlichen Wortarten oder -längen differenziert. Bei der zweiten Form von Leseflüssigkeitstests werden den SchülerInnen Listen mit unzusammenhängenden Wörtern, Silben oder Pseudowörtern zum Vorlesen vorgelegt (engl. word identification fluency). Alle Leseflüssigkeitstests müssen als Einzeltests durchgeführt werden. Während der Leseflüssigkeitsmessungen bewertet eine lesekompetente Person (z. B. die Lehrkraft), ob Lesefehler gemacht wurden. Dazu wird eine Person zur Durchführung benötigt, daher sind diese Tests im Unterrichtsalltag nur mit Aufwand zu realisieren. Als Rohwert wird bei beiden Testformen die insgesamt korrekt vorgelesene Anzahl an Wörtern gezählt. Auslassungen, langes Zögern oder Fehlaussprache werden dabei als Lesefehler gewertet. Bei der Beurteilung von Lesefehlern werden prosodische Aspekte, also die Betonung der vorgelesenen Wörter, bisher nicht berücksichtigt (Biancarosa / Cummings 2015).

Lernverlaufstests zur Messung der Lesekompetenzen unterscheiden sich danach, ob sie die **Leseflüssigkeit durch lautes Vorlesen** oder das **Leseverständnis mit Lückentextaufgaben** prüfen. Beide Testarten messen als Robuster Indikator die allgemeine Lesekompetenz.

Das Leseverständnis wird durch Maze-Aufgaben (dt. Labyrinth-Aufgaben) (Ardoin et al. 2004) gemessen. Diese Tests wurden konstruiert, um die Benutzerfreundlichkeit der Leseflüssigkeitstests zu erhöhen. Das Ziel war, einen praktikablen und einfachen Test im Unterrichtsalltag zu ermöglichen. Diese Tests sind in Anlehnung an Lückentextaufgaben mit offenen Antwortmöglichkeiten und ohne Zeitlimit (Louthan 1965) entstanden. Eine Maze-Aufgabe besteht aus kurzen Textpassagen (ca. 250 Wörtern), bei denen einzelne Wörter nach festgesetzten Regeln durch Lücken ersetzt wurden. Die Lücken werden entweder über numerische Regeln (z. B. jedes siebte Wort) oder nach linguistischen Bedingungen (z. B. spezifische Wortarten) bestimmt (Jungjohann et al. 2018b; January / Ardoin 2012). Die Textpassagen der unterschiedlichen Paralleltests müssen ähnlich schwierig sein. Dies wird beispielsweise mit Hilfe eines Lesbarkeitsindexes wie dem Flesch-Index (Kap. 6.1.1) geprüft (Walter 2009).

Die literarische Art der Texte ist höchst unterschiedlich (Tichá et al. 2009; Walter 2011a). Beispiele sind narrative Geschichten, Fabeln oder Märchen. Neben dem richtigen Zielwort werden zu jeder Lücke mehrere falsche Auswahlmöglichkeiten (Distraktoren) angeboten. Aus diesen wählen die SchülerInnen eine Lösung aus, um die Lücke anhand des Satzsinnes zu füllen. Die Distraktoren sind dem Lösungswort entweder syntaktisch, semantisch, phonologisch oder phonetisch ähnlich (Fuchs / Fuchs 1992). Die Maze-Aufgaben sind als

Einzel- aber auch als Gruppenaufgaben durchführbar, weil sie als leise Leseaufgaben bearbeitet werden (Hale et al. 2011). Die Bewertung der Aufgaben ist eindeutig. Als Rohwert werden alle korrekt gefüllten Lücken addiert. Für die einfache Anwendung im Unterricht haben die Tests eine längere Zeitvorgabe von fünf bis zehn Minuten(Wiley/Deno 2005) und sind daher eher Speedtests als Powertests. Die Maze-Aufgaben sind erprobte Robuste Indikatoren für das Leseverständnis (Hale et al. 2011).

Eine offene Frage in der Erforschung der Maze-Aufgaben ist, ob die SchülerInnen beim Lösen der Aufgaben tatsächlich den Zusammenhang des Textes nutzen oder ob die Lücken nur im Kontext des einzelnen Satzes gefüllt werden. In der Studie von Januar und Ardoin (2012) wurde mit SchülerInnen der dritten bis vierten Klassenstufe untersucht, ob die Leistungen vom Inhalt und Aufbau der Passagen abhängen. Die Ergebnisse zeigten, dass die Summenscores sowohl bei zusammenhängenden Texten als auch bei unzusammenhängenden einzelnen Sätzen aus denselben Textpassagen ähnlich hoch sind.

Die Evaluation formativer Lesetests findet noch vorrangig nach KTT (Ardoin et al. 2013) statt, aber Analysen nach der IRT sind immer mehr in der wissenschaftlichen Forschung zu finden (Mühling et al. 2019; Jungjohann et al. 2018a). Die Ergebnisse von Leseflüssigkeitstests als auch die von Maze-Aufgaben korrelieren hoch mit der allgemeinen Lesekompetenz in der Grundschule und der Sekundarstufe sowie untereinander (Wayman et al. 2007).

Somit können beide Testarten zur stellvertretenden Messung der Lernentwicklung der Lesekompetenz eingesetzt werden. Leseflüssigkeitstests werden häufiger bei jüngeren SchülerInnen und Maze-Aufgaben eher bei älteren SchülerInnen genutzt. Ein Grund liegt darin, dass Lehrkräfte bei den Leseflüssigkeitstests die Nähe zum Curriculum vermissen und der Durchführungsaufwand in der Schulpraxis sehr hoch ist. Ein zweiter Grund sind mögliche Bodeneffekte bei leistungsschwachen SchülerInnen in den Maze-Aufgaben. Bodeneffekte können erkannt werden, wenn der Lernverlauf immer im unteren Messbereich liegt und keine Steigung über eine lange Zeit hinweg erkennbar wird. Ein Bodeneffekt kann auftreten, wenn die Anforderungen des Tests die Kompetenzen der SchülerInnen übersteigen.

Aus lesetheoretischer Perspektive messen die Testkonstruktionen verschiedene Teilkompetenzen des Lesens. Für das Vorlesen haben die Lesenden mehrere Lesestrategien, die je nachdem genutzt werden, ob sie das zu lesende Wortmaterial bereits kennen oder sich erst erschließen müssen. Beispielsweise können Silben und Wörter entweder als Ganzes wiedererkannt und aus dem mentalen Lexikon abgeleitet (Lexikalisches Lesen) oder über die Buchstaben einzeln synthetisiert (Nicht-lexikalisches Lesen) werden. Ein Abruf aus dem mentalen Lexikon von unbekannten Wörtern ist nicht möglich, sodass die Lesenden immer auf die nicht-lexikalische Strategie zurückgreifen. Beim Lesen von zusammenhängenden Texten nutzen die Lesenden den Satzkontext sowohl für das korrekte Vorlesen als auch für das Verständnis (Martohardjono et al. 2005).

Durch eine Verbindung von testtheoretischer und lesetheoretischer Sicht können aus den Ergebnissen der LVD neben der numerischen Lernentwicklung ebenfalls lesespezifische Hinweise für die Förderplanung abgeleitet werden. Je nachdem welches linguistische Material zur Messung des Lernverlaufs gelesen wird, können Rückschlüsse auf spezifische Leseteilkompetenzen gezogen werden. Insbesondere wenn eine LVD in Anlehnung an Entwicklungsmodelle des Lesens konstruiert ist, lassen sich Brücken aus den Ergebnissen der Lernverlaufstests zum didaktischen Handeln schlagen.

Die überwiegend amerikanischen Instrumente wurden größtenteils von deutschen Forschenden adaptiert, sodass ähnliche Tests in der deutschsprachigen LVD wiederzufinden sind. Nachfolgend wird eine Auswahl einzelner Ansätze beschrieben. Weitere Tests werden frei zugänglich im Review von Jungjohann et al. (2018d) detailliert thematisiert.

6.1 Pragmatischer Ansatz

6.1.1 Lernfortschrittsdiagnostik Lesen

Die „Lernfortschrittsdiagnostik Lesen" von Walter (2010a) ist eine curriculumbasierte LVD zur Messung der Leseflüssigkeit durch lautes Vorlesen, welche im Hogrefe Verlag veröffentlicht ist. Der Test wurde nach einem pragmatischen Vorgehen konstruiert und für SchülerInnen an Grund-, Haupt- und Förderschulen bis zu einem Alter von 15 Jahren normiert. Ebenfalls ist er für den Bereich der Lese-Rechtschreib-Therapie evaluiert. Der Test ist als Speedtest entworfen und die Testzeit beträgt eine Minute. Insgesamt stehen 28 parallele Lesetexte zur Verfügung. In einer Einzeltestung wird ein Text laut vorgelesen und die Lehrkraft notiert während des Vorlesens Lesefehler. Nach Ablauf der Minute markiert die Lehrkraft das letzte gelesene Wort und das Vorlesen wird abgebrochen. Der Testrohwert wird durch die Anzahl der insgesamt gelesenen Wörter minus die Anzahl der Lesefehler errechnet. Zur Interpretation im Sinne eines Lesescreenings stehen Normtabellen zur Verfügung. Zusätzlich wird im Testmanual die Erstellung eines Lernverlaufsgraphen erklärt und zum Eintragen einer Ziellinie geraten. Walter (2009) empfiehlt die „Drei-Punkt-Regel" (Hosp et al. 2007), mit deren Hilfe Lehrkräfte Entscheidungen über mögliche Adaptionen im Unterricht treffen können. Nach dem heutigen wissenschaftlichen

Kenntnisstand reichen jedoch drei Messzeitpunkte nicht für pädagogisch-didaktische Entscheidungen aus (Christ et al. 2013), da mit einer solch kleinen Datengrundlage viele Unsicherheiten verbunden sind.

Zur Generierung der Items diente das Kinder- und Jugendbuch „Und nachts rollern die Hunde“ von Piri und Klaus Meyer (1996) als Grundlage. Die Geschichte wurde in 28 etwa gleichlange Lesetexte als Paralleltests unterteilt. Die einzelnen Lesetexte bauen folglich inhaltlich aufeinander auf. Vergleichbare Schwierigkeitsgrade der Lesetexte wurden theoretisch angenommen. Diese Annahme wurde durch den Lesbarkeitsindex **Flesch-Index** gestützt. Die Lesetexte weisen unterschiedliche Schwierigkeiten mit einem Flesch-Index von 69–91 auf (Walter 2011b), wobei ein Flesch-Index von 100 für einen extrem leichten Text und ein Wert von 20 und niedriger für einen sehr komplexen Text auf Hochschulniveau stehen. Aus didaktischer Sicht beeinflusst die Konstruktion der Items mit einer inhaltlichen Kohärenz der Texte insbesondere das Messen der Lesekompetenz von SchülerInnen mit geringen Lesekompetenzen. Schnell lesende SchülerInnen können den gesamten Inhalt erfassen und den Inhalt der vorherigen Geschichte bei folgenden Messungen aktivieren. Dies ist für langsam lesende SchülerInnen nicht möglich, sodass ihr Vorlesen dadurch beeinflusst werden könnte.

Das Verfahren wurde an mehreren Stichproben im Quer- und Längsschnitt nach der KTT evaluiert. Die Ergebnisse sind im Testmanual ausführlich beschrieben (Walter 2009). Eine längsschnittliche Untersuchung in der Grundschule erstreckte sich über fünf Messzeitpunkte innerhalb eines Schulhalbjahres (Walter 2010b). Über einen Zeitraum von 20 Wochen wurden die Lernverläufe mittels linearer Regressionen modelliert. Die Ergebnisse zeigten, dass die Lernverläufe in dieser Studie gut als lineare Steigung vorhergesagt werden konnten. Ein Vergleich der erreichten Steigung zwischen den Klassenstufen zeigte, dass die Lernzuwächse unterschiedlich hoch ausfallen. Die SchülerInnen der dritten Jahrgangsstufe erreichten die höchsten Lernzuwächse, gefolgt von denen der zweiten Klasse. Die SchülerInnen der vierten Jahrgangsstufe erreichten im Durchschnitt die geringsten Lernzuwächse. Diese Beobachtungen können dadurch erklärt werden, dass ab einem bestimmten Alter eine maximale Vorlesegeschwindigkeit erreicht wird und somit die Lernzuwächse mit steigender Lesekompetenz geringer werden.

6.1.2 Verlaufsdiagnostik sinnerfassendes Lesen

Walter (2013) veröffentlichte mit der „Verlaufsdiagnostik sinnerfassendes Lesen“ ein weiteres formatives Testverfahren im Hogrefe Verlag, welches nach ähnlichen Prinzipien wie die Lernfortschrittsdiagnostik konstruiert und evaluiert wurde (Walter 2014). Dieser Test misst das Leseverständnis mit Maze-Aufgaben und kann sowohl als Papierversion als auch computergestützt durchgeführt werden. Der Test beinhaltet 20 Lesetexte, in denen jedes siebte Wort durch eine Lücke ersetzt wurde. Zu jeder Lücke werden ein Zielwort und zwei Distraktoren angeboten. Der Test kann als Einzel- oder Gruppentest von der zweiten bis zur sechsten Klassenstufe eingesetzt werden. Die Durchführungsdauer beträgt vier Minuten. Als Rohwert wird die Anzahl der innerhalb von vier Minuten korrekt gefüllten Lücken berechnet. Bei der computergestützten Version errechnet das Programm den Rohwert automatisch und erstellt einen Lernverlaufsgraphen.

Der Test wurde ebenfalls nach der KTT konstruiert und geprüft. Nach ersten, nicht zufriedenstellenden Ergebnissen im Bereich der Paralleltest-Reliabilität wurden die Testitems überarbeitet und neu evaluiert (Walter 2011a, b). Die Lesetexte umfassen ca. 230 Wörter und berichten über Tierarten und deren Lebenswelt. Für alle Lesetexte wurde ebenfalls eine ähnliche Schwierigkeit angenommen, sie haben einen Flesch-Index-Wert von 51–61. In jedem Lesetext gibt es 25 Lücken. Die Löschung der Wörter erfolgte numerisch und es wurde nicht zwischen Wortarten unterschieden. Als Auswahlmöglichkeit werden neben dem korrekten Lösungswort ein graphemisch-phonemisch und ein semantisch-syntaktisch ähnlicher Distraktor angeboten. In den Lesetexten kommen eingeschobene Nebensatzkonstruktionen, nicht-nativ deutsche Wörter (z.B. Joystick, Monitor) und bereichsspezifische Wörter (z.B. Kotecke, Intelligenz) vor. Zur Erschließung dieser linguistischen Einheiten benötigten SchülerInnen bereits ein hohes Kompetenzniveau. Bei leseschwachen SchülerInnen mit SPU oder mit Migrationshintergrund besteht daher die Gefahr, dass die Messungen verfälscht werden.

6.2 Inventar zur Erfassung der Lesekompetenz im ersten Schuljahr – Robuster-Indikator-Test

Das „Inventar zur Messung der Lesekompetenz im 1. Schuljahr“ kann zu drei festen Messzeitpunkten als Gruppentest während des ersten Schuljahres durchgeführt werden (Diehl/Hartke 2012). Das Inventar beinhaltet Aufgaben zur Phonem-, Silben-, Wort-, Satz- und Textebene und hat eine Durchführungsdauer von insgesamt 90 Minuten. Diese Aufgaben sind als Statustest mit drei parallelen Testversionen konstruiert. Es wurde nach der KKT geprüft (Diehl/Hartke 2011) und im Manual liegen Normwerte vor.

Ergänzt wird das Inventar durch einen formativen Leseflüssigkeitstest, der als Screening ebenfalls zu drei Messzeitpunkten vor das Inventar vorgeschaltet werden kann. Der Leseflüssigkeitstest ist als Robuster-Indikator-Test konstruiert und wird als Einzeltest mit einer Durchführungszeit von einer Minute durchgeführt. Ausgewertet wird die Anzahl der korrekt vorgelesenen Wörter. Die Idee ist, dass durch das Leseflüssigkeitsscreening geprüft wird, bei welchen SchülerInnen die Durchführung des aufwendigen Inventars aufgrund eines erhöhten Förderbedarfs sinnvoll ist.

Der Leseflüssigkeitstest misst das laute Vorlesen mittels einer Liste von 60 Wörtern, die in zwölf Blöcke mit je fünf Wörtern strukturiert ist. Die verwendeten Wörter wurden einem Sichtwortschatz für die erste Klasse entnommen und nach linguistischer Schwierigkeit aufsteigend sortiert. Die leichteren Wörter sind Einsilber mit offener Silbenstruktur und werden in der Liste als erstes präsentiert. Die schwierigeren Wörter haben bis zu vier Silben und enthalten ebenfalls Konsonantencluster. Eine explizite Prüfung der Itemschwierigkeit fand nicht statt (Diehl/Hartke 2011). Aufgrund der großen zeitlichen Abstände von mehreren Monaten zwischen den Messzeitpunkten kann angenommen werden, dass keine Erinnerungseffekte vorkommen.

6.3 Lernverlaufsdiagnostik Leni 1–4 – klassenbasierter Ansatz

Als Teil des Rügener Inklusionsmodells werden auf der Onlineplattform www.lernlinie.de Lernverlaufsverfahren zur Messung der Lesekompetenzen in Klasse 1 bis 4 angeboten (Voß et al. 2020b). Alle Tests werden nach der IRT überprüft und im Anschluss als Open-Access-Dokumente (CC BY NC SA 4.0) kostenfrei veröffentlicht. Der Konstruktionsansatz der LVD Leni 1 – 4 ist klassenbasiert, da sich die Itemgenerierung pro Klassenstufe unterscheidet. Die Testkonstruktion orientiert sich zudem stark an Entwicklungsmodellen des Lesens und ist in einen RTI-Ansatz eingebettet.

Ein Alleinstellungsmerkmal der Leni 1 – 4 Tests ist, dass alle Aufgaben leise Leseaufgaben und dadurch als Gruppentest durchführbar sind. Die SchülerInnen beantworten die Aufgaben auf Arbeitsblättern durch Ankreuzen. Insgesamt wurden fünf verschiedene Aufgabentypen entwickelt, die jeweils das Lesen auf Anlaut-, Silben-, Wort-, Satz- und Textebene messen. Als linguistische Grundlage dient ein Gesamtwortschatz, dessen Wörter kriteriengeleitet nach ihrer theoretischen Schwierigkeit vorsortiert wurden (Voß et al. 2020b). Alle Tests haben eine Durchführungsdauer von fünf Minuten. Die Aufgaben können händisch oder mit Hilfe der Onlineplattform ausgewertet werden. Für die digitale Auswertung müssen die Lehrkräfte die Antworten der SchülerInnen per Hand in den Browser eingeben und erhalten anschließend automatisierte Analysen. Eine digitale Umsetzung der Aufgaben existiert aktuell nicht. In Anlehnung an die Entwicklungsstufe der SchülerInnen werden pro Klassenstufe mehrere Aufgabentypen zur Verfügung gestellt, die als Lernverlaufstests in festgelegten Schulwochen mehrfach pro Schulhalbjahr durchgeführt werden können. Beispielsweise sind für die zweite Klassenstufe auf Silbenebene fünf und auf Wort- und Satzebene jeweils zehn Paralleltests verfügbar.

Anhand einer Stichprobe von N = 4268 Erst- bis ViertklässlerInnen wurde die psychometrische Güte der LENI 1 – 4 Aufgaben nach der IRT geprüft (Voß / Blumenthal 2020). In einem Multimatrix-Design bearbeiteten die SchülerInnen alle Items zu einem Messzeitpunkt. Nach einer Bereinigung der Items (ca. 200 Items) wurde für über 1000 Items die Passung mit dem Raschmodell bestätigt. Eine kleine Substichprobe bearbeitete zusätzlich einen Statustest zum Leseverständnis, der hoch mit den Ergebnissen der LVD korrelierte (r =.64). Die TestautorInnen schlussfolgern, dass die leisen Leseaufgaben im Deutschen zur LVD ebenfalls in unteren Klassenstufen geeignet sein können.

6.4 Entwicklungsmodellbasierte Ansätze

6.4.1 Leseflüssigkeitstests der Onlineplattform Levumi

Die vier Arten der Leseflüssigkeitstests der Onlineplattform Levumi wurden vorrangig für Grund- und FörderschülerInnen mit geringen Lesekompetenzen entwickelt. Die Tests unterscheiden sich dahingehend, dass sie getrennt voneinander Silben, Wörter, Pseudowörter und den Sichtwortschatz messen. Jede Testart kann in mehreren Niveaustufen durchgeführt werden. Die Items der Niveaustufen sind nach linguistischen Schwierigkeiten getrennt. Für jeden Test und jede Niveaustufe gibt es eigene Itempools, aus denen pro Messzeitpunkt und SchülerIn eine parallele Testversion zufällig gezogen wird. Dadurch sind Messungen mit kleinen (z. B. wöchentlich) und größeren (z. B. monatlich, vierteljährlich) Messabständen möglich. Die Tests sind als Robuster Indikator konstruiert und werden nach der IRT geprüft (Jungjohann et al. 2018a).

Alle Tests haben eine Durchführungsdauer von einer Minute und werden direkt online im Browser durchgeführt. Eine Lehrkraft bewertet das Vorlesen über die Tastatur. Nach Ablauf der einen Minute beendet die Plattform den Test automatisch. Im selben Browsertab erhält das Kind eine Rückmeldung zur aktuellen Messung. Im Vergleich zur vorherigen Messung meldet das Drachenmaskottchen Levumi durch Jubeln einen Lernzuwachs oder durch konzentriertes Lesen einen geringeren oder gleichen Rohwert zurück. Als zusätzliches Angebot wurde der Silbentest Open Access veröffentlicht (Jungjohann et al. 2019a). Er kann als Papierversion mit vier Paralleltests händisch durchgeführt und ausgewertet werden. Für die Praxis wird allerdings die digitale Durchführung empfohlen, da die Auswertung weniger fehleranfällig ist. Erläuterungen zur Testkonstruktion und zur Anwendung können Lehrkräfte in einem passenden Handbuch nachlesen (Jungjohann et al. 2019b).

Die Items wurden gemeinsam mit Prof. Kirsten Diehl entwickelt. In Anlehnung an den Kieler Leseaufbau (Dummer-Smoch / Hackethal 2016) wurden Buchstaben und Lautverbindungen nach linguistischen Schwierigkeiten differenziert und zu schwierigkeitsgenerierenden Konstruktionsregeln für die getrennten Itempools definiert (Jungjohann et al. 2019b). Beispielsweise beinhalten die Items der untersten Niveaustufe N0 alle Vokale und die dehnbaren Konsonanten / m / und / l /. Mit einer Konsonant-Vokal-Struktur werden im Deutschen vorkommende offene Silben und Wörter gebildet. Die Pseudowörter setzen sich aus zwei Silben zusammen. Diese Niveaustufe wurde für SchülerInnen mit sehr geringen Lesekompetenzen konstruiert, um auch in diesem Kompetenzbereich ein reliables Messen zu ermöglichen. In den höheren Niveaustufen werden nach demselben Prinzip mehr Grapheme und komplexere Lautstrukturen zur Itemgenerierung verwendet.

In mehreren Grundschulstudien wurden die Tests nach der IRT erfolgreich evaluiert und es zeigte sich eine sehr stabile Reliabilität über die Zeit (Gebhardt et al. 2016; Jungjohann et al. 2021c). Trotz der strengen Konstruktionsregeln wiesen wenige Items eine zu hohe Schwierigkeit auf, die dann aus den Tests entfernt wurden (Mühling et al. 2019). Sowohl im Quer- als auch im Längsschnitt messen die Tests fair für SchülerInnen mit und ohne SPU. Aufgrund der Testkonstruktion in Anlehnung an Entwicklungsmodelle des Lesens können die Tests auch jahrgangsübergreifend eingesetzt werden, wie eine erste Pilotstudie mit 90 Dritt- und ViertklässlerInnen vermuten lässt (Jungjohann et al. 2021c).

Als Zusatzangebot wurde ein Handbuch zur Förderung der Leseflüssigkeit Open Access veröffentlicht, welches die Leseflüssigkeitstests mit konkreten Förderempfehlungen verbindet (Jungjohann et al. 2017). In diesem Handbuch wird fachwissenschaftliches, fachdidaktisches und sonderpädagogisches Wissen für die unterrichtliche Förderung aufbereitet, sodass es gemeinsam mit den Informationen aus den Levumi-Tests eine Basis für Förderentscheidungen darstellt. Anhand von zentralen Entwicklungsbereichen des basalen Leseerwerbs werden mögliche Förderziele abgeleitet und durch typische Übungsaufgaben aus dem Unterricht in exemplarischen Aufgabenblättern aufbereitet. Mit den

Aufgabenblättern kann das Lesen getrennt auf Silben-, Wort- oder Pseudowortebene trainiert werden. Darüber hinaus wird ein Ineinandergreifen von Tests und Förderung hergestellt.

6.4.2 Tests zum sinnkonstruierenden Lesen der Onlineplattform Levumi

In der Onlineplattform Levumi sind ebenfalls Tests zum sinnkonstruierenden Lesen eingebettet, die in Anlehnung an Entwicklungsmodelle des Leseverständnisses konstruiert wurden (Jungjohann et al. 2018b). Auch diese Tests wurden nach der IRT geprüft. Die Aufgaben bestehen darin, dass den SchülerInnen einzelne Sätze präsentiert werden, in denen jeweils ein Wort fehlt. Mit Hilfe von vier Auswahlwörtern (Zielwort und drei Ablenker) kann der Sinn des Satzes vervollständigt werden. Ihre Konstruktion und Anwendung sind ähnlich wie bei den Leseflüssigkeitstests. Sie sind als Robuste Indikatoren konstruiert, existieren in drei aufsteigenden Niveaustufen mit getrennten Itempools, werden im Browser durchgeführt und geben online automatisierte Rückmeldungen über den Lernverlauf. Die Durchführung dauert fünf Minuten und ist als Gruppentest möglich, da es sich um leise Leseaufgaben handelt. Ebenfalls ist die mittlere Niveaustufe Open Access mit vier Paralleltests als Papierversion veröffentlicht, die aber vorrangig für Forschungszwecke genutzt wird (Jungjohann / Gebhardt 2019).

Die drei Niveaustufen des sinnkonstruierenden Lesetests greifen den Konstruktionsansatz der Leseflüssigkeitstests auf und erweitern ihn, um auch in den unteren Niveaustufen vollständige Sätze konstruieren zu können. Zur Generierung der verwendeten Wörter innerhalb der Sätze wurden Grundwortschätze verglichen und von ExpertInnen geprüft, um einen altersgerechten Wortschatz zu gewährleisten. Alle Satzkonstruktionen sind in aktiver Sprache formuliert und haben leichte syntaktische Strukturen.

Die Items wurden nach unterschiedlichen schwierigkeitsgenerierenden Regeln konstruiert. Diese Regeln wurden aus der Leseerwerbstheorie abgeleitet. Diese Verbindung ermöglicht das Ableiten von lesedidaktischen Interventionen aus den bearbeiteten Items (Jungjohann et al. 2019b). Die Schwierigkeiten der Items werden über die Wortart des Zielworts definiert. In den unteren beiden Niveaustufen wird unterschieden, ob das Argument, das Prädikat oder ein Konnektivum eines Satzes als Lücke dargestellt ist. In der höchsten Niveaustufe, welche für frühe Lesekompetenzen in der Sekundarstufe entwickelt wurde, wird die Itemschwierigkeit über komplexe Satzstrukturen reguliert.

Im Rahmen einer Interventionsstudie in der zweiten Klasse wurde ein Förderkonzept „Levumi und Fredro auf Schatzsuche“ entwickelt (Anderson et al. 2021) und gemeinsam mit Leseflüssigkeitstests und den Tests zum sinnkonstruierenden Lesen im Längsschnitt eingesetzt. Unter den Bedingungen der Studie erreichten die SchülerInnen der Interventionsgruppe größere Lernzuwächse als die SchülerInnen der Kontrollgruppe (Anderson et al. 2020). Für die Schulpraxis wurden daraufhin drei weitere Leseabenteuer zu den Themen Weltall, Dschungel und Hexerei entwickelt und als Open Educational Ressources zum Download veröffentlicht (Jungjohann et al. 2021a, 2021b, 2020b). Die Förderkonzepte dienen der Steigerung der Leseflüssigkeit und dem basalen Leseverständnis im Grundschulalter. Alle Konzepte enthalten eine kohärente Lesegeschichte, welche in mehrere Lesetexte aufgeteilt ist, passende Übungsaufgaben und didaktische Methoden.

In einer Handreichung wird für Lehrkräfte erklärt, dass die vier Förderkonzepte auf zwei Arten im Unterricht eingesetzt und wie begleitende Messungen mit den Levumi Lernverlaufstests gestaltet werden können (Jungjohann et al. 2020a): erstens als intensive Förderung, die in zehn Unterrichtsstunden durchgeführt wird, und zweitens zur Gestaltung eines adaptiven Unterrichts. Die Lesetexte und Übungsaufgaben werden dafür aus der intensiven Förderung einzeln und individuell passend eingesetzt. Beispielsweise arbeiten alle SchülerInnen einer Lerngruppe mit den Lesetexten und nutzen in Abhängigkeit von den aktuellen Lernschritten verschiedene Übungsaufgaben. Auch im Bereich des sinnkonstruierenden Lesens bietet die Onlineplattform www.levumi.de neben den formativen Tests Fördermaterialien an, sodass Lehrkräfte mehr Unterstützung in der datenbasierten Förderplanung nutzen können.

Übersicht zum kostenlosen Angebot im Bereich Leseförderung der Onlineplattform www.levumi.de

Handreichungen

Jungjohann et al. (2017): Förderansätze im Lesen mit LEVUMI. In: http://dx.doi.org/10.17877/DE290R-18042, 25.03.2021 (Leseförderung mit dem Schwerpunkt Leseflüssigkeit im Anfangsunterricht. Modulare Förderbausteine mit losen Aufgabenblättern und Kopiervorlagen)

Jungjohann et al. (2020a): Adaptive Leseförderung zur Steigerung der Leseflüssigkeit und des basalen Leseverständnisses „Levumis Leseabenteuer“. Technische Universität Dortmund. In: www.dx.doi.org/10.17877/DE290R-20992. 27.03.2021 (zu den Förderkonzepten „Levumis Leseabenteuer“ mit den Schwerpunkten Steigerung der

Leseflüssigkeit und basales Leseverständnis im Grundschulalter. Erläuterungen zur Anwendung der Leseabenteuer als intensive Förderung oder zur Gestaltung eines adaptiven Unterrichts)

Fördermaterial

Leseabenteuer 1. Levumi, Malini und das verhexte Dorf (Jungjohann et al. 2020b)

Leseabenteuer 2. Levumi und Draunidra auf der Suche nach Goldstaub (Jungjohann et al. 2021a)

Leseabenteuer 3. Levumi und Trikla im Dschungel (Jungjohann et al. 2021b)

Leseabenteuer 4. Levumi und Fredro auf Schatzsuche (Anderson et al.2021)

7 Rechtschreiben

Eine LVD zur Messung von Rechtschreibkompetenzen wird meist nach dem Ansatz des Robusten Indikators konstruiert und sowohl in der Grundschule als auch der weiterführenden Schule eingesetzt. Die Forschung konzentriert sich darauf, geeignete Aufgabenstellungen und Bewertungsmöglichkeiten zu identifizieren. Insbesondere die Erforschung stellvertretender Bewertungen ist aus zwei Gründen herausfordernd. Erstens erschwert die große Variabilität von Fehlern in der Rechtschreibung (z.B. Groß- und Kleinschreibung, Interpunktion, Grammatik und Flexionen) die Bestimmung eines stellvertretenden Robusten Indikators. Zweitens ist es in der Schulpraxis üblich, dass von SchülerInnen frei verfasste Texte stets ganzheitlich bewertet werden. Ganzheitlich bedeutet in diesem Zusammenhang, dass sowohl die Rechtschreibung als auch die Qualität (z.B. Sprachgewandtheit, Wortverwendung, Textstruktur, Kohäsion) (Siekmann/Thomé 2018) des Geschriebenen in die Bewertung einfließen.

Die ersten Rechtschreibtests zur LVD entwickelte die Forschergruppe um Stanley Deno (Deno et al. 1982a). In den ersten Studien wurden mehrere freie Schreibaufgaben und Bewertungsmöglichkeiten in den Klassenstufen 1 bis 6 eingesetzt und analysiert. Im Rahmen von Schreibaufgaben wurden die GrundschülerInnen aufgefordert, den Anfang einer Geschichte schriftlich fortzusetzen (engl. story starter), passend zu einem Bild (engl. picture prompt) oder zu einem Thema (engl. topic sentence prompt) frei zu schreiben. Die SchülerInnen hatten für das freie Schreiben zwischen einer und fünf Minuten Zeit. Als Bewertungsmöglichkeiten wurde die Anzahl z.B. aller geschriebenen Wörter, der korrekt geschriebenen Wörter, der korrekt geschriebenen Wortfolgen, der korrekt geschriebenen Graphemfolgen und der richtig geschriebenen Wörter bestimmter Wortarten ausgewertet. Als Wörter wurden längere Wörter und solche aus nur einem Buchstaben bestehende (z.B. „I" und „a") bewertet. Bei Wortfolgen wurden sowohl die Rechtschreibung als auch grammatikalische Flexionen berücksichtigt. Aus diesen ersten Forschungsarbeiten wurden viele Abwandlungen von Schreibaufgaben und Bewertungsmethoden abgeleitet und in wissenschaftlichen Studien geprüft.

Die Schreibaufgaben sind die Items der formativen Rechtschreibtests und haben ein Zeitlimit von drei bis fünf Minuten. Die Aufgaben können zwei Kategorien zugeordnet werden: freien Schreibaufgaben mit offenen Antworten und geschlossenen Transkriptionsaufgaben (McMaster et al. 2009). Bei freien Schreibaufgaben werden die SchülerInnen aufgefordert, passend zu einem Thema oder einem Bild zu schreiben. Den SchülerInnen ist dabei frei gestellt, ob ihre Antwort aus nur einem Wort oder mehreren Sätzen besteht. In Transkriptionsaufgaben produzieren die SchülerInnen keine eigenen Texte, sondern schreiben vorgegebene Buchstaben, Wörter oder Texte. Das zu schreibende Material wird den SchülerInnen entweder mündlich diktiert oder schriftlich präsentiert. Die dahinter liegende Annahme ist, dass, ähnlich wie beim Leseprozess, die Geschwindigkeit und die Automatisierung der Verschriftlichung von Buchstaben Kapazitäten im Arbeitsgedächtnis bündeln. Ohne ausreichende Automatisierung fehlen dann Kapazitäten für die hierarchiehöheren Kompetenzen, die für die inhaltliche Gestaltung eines Textes benötigt werden (Graham 1990). In Tab. 2 sind Beispiele zu Aufgabenstellungen für Lernverlaufstests im Rechtschreiben gelistet. Transkriptionsaufgaben sind eher für jüngere SchülerInnen geeignet. Studien zeigen, dass sie, im Übergang zwischen Kindergarten und Schule, bei SchülerInnen der ersten drei Klassenstufen und bei SchülerInnen mit Lernschwierigkeiten reliabel und valide eingesetzt werden können (Lembke et al. 2003). Freie Schreibaufgaben werden überwiegend bei älteren SchülerInnen eingesetzt, die bereits schriftlich mehrere Wörter zu Sätzen verbinden können. McMaster et al. (2009) setzten erstmalig Schreibaufgaben mit offenen Antwortmöglichkeiten in der ersten Klassenstufe ein und die Ergebnisse deuten darauf hin, dass diese Aufgaben ebenfalls bei diesen jungen SchülerInnen zuverlässig und über einen Zeitraum von wenigen Wochen sensitiv messen.

Tab. 2: Aufgabenformate für die LVD im Rechtschreiben

offene Schreibaufgaben	geschlossene Transkriptionsaufgaben
Vervollständigen eines Geschichtenanfangs	händisches Schreiben des Alphabets
Schreiben zu einem betitelten Bild	Abschreiben von Wörtern
Schreiben zu mehreren thematisch verbundenen Bildern	Abschreiben von Sätzen
Schreiben zu einem Foto	Diktat von Wörtern
freies Verfassen eines narrativen Textes	Diktat von Sätzen
freies Verfassen eines expressiven Textes	

Bewertungsmethoden werden in schreibproduktabhängige Indizes des flüssigen Schreibens (engl. production-dependent fluency indices) und schreibproduktunabhängige Bewertungen des genauen Schreibens (engl. production-independent accuracy indices) unterteilt. Ausgewählte Beispiele finden sich in Tab. 3. Schreibproduktabhängige Indizes sind von der insgesamt geschriebenen Anzahl der Wörter abhängig und berücksichtigen den Inhalt des Geschriebenen nicht (Jewell/Malecki 2005). An ihnen wird die fehlende pädagogische Bedeutung der absoluten Anzahl (korrekt) geschriebener Wörter kritisiert, da mit dieser Bewertung auch willkürlich aneinander gereihte Wörter ohne Zusammenhang zu einem sehr guten Testergebnis führen könnten. Schreibproduktunabhängige Indizes haben eine engere Verbindung zum Curriculum, da sie prozentual berechnet werden (Tindal/Parker 1991). Sie sind damit unabhängig von der absoluten Anzahl der geschriebenen Wörter und berücksichtigen indirekt anhand des Umfangs die Qualität des Geschriebenen.

Tab. 3: Beispielhafte Übersicht zu Bewertungsmethoden im Rechtschreiben

schreibproduktabhängige Bewertungsmethoden des flüssigen Schreibens	schreibproduktunabhängige Bewertungsmethoden des genauen Schreibens
Anzahl geschriebener Wörter	Anteil korrekt geschriebener Wörter
Anzahl korrekt geschriebener Wörter	Anteil korrekt geschriebener Wortfolgen
Anzahl korrekt geschriebener Graphem- oder Wortfolgen	Anteil lesbar handschriftlich geschriebener Wörter
Anzahl richtig geschriebener Wörter bestimmter Eigenschaften (z. B. Nomen, Verben, Adjektive, mit mehr als acht Buchstaben)	
Differenz zwischen falsch und korrekt geschriebenen Wortsequenzen	
korrekte Großschreibung	
korrekte Interpunktion	

In der Grundschule können produktabhängige Bewertungsmethoden des flüssigen Schreibens gut als reliable, valide Indikatoren für die allgemeine Rechtschreibkompetenz eingesetzt werden, wie Espin et al. (2004) in ihrem Überblicksartikel zusammenfassen. In Studien, die sich auf SchülerInnen der Sekundarstufe konzentrieren, erweisen sich unabhängige Bewertungen als vorteilhafter als abhängige Methoden (Amato/Watkins 2009). Dies liegt vor allem darin begründet, dass die produktunabhängigen Bewertungen höher mit ganzheitlichen Lehrkrafturteilen korrelierten. Nachteilig ist allerdings, dass die Auswertung der unabhängigen Bewertungen zeitaufwändiger und fehleranfälliger ist. Hinzu kommen Hürden bei der Testinterpretation, da eine Verbesserung der insgesamt geschriebenen Wörter nicht zum Tragen kommen muss.

BEISPIEL

Vernachlässigung des Textumfangs bei produktunabhängigen Bewertungen

Ein Schüler, der zum ersten Messzeitpunkt 20 Wörter insgesamt und 18 davon korrekt schreibt, erhält mit der prozentualen Bewertung einen Score von 90 %. Wenn dieser Schüler bei der zweiten Messung allerdings 40 Wörter und davon 35 korrekt schreibt, verringert sich sein Score auf 87,5 %. Die Verbesserung in der Anzahl der geschriebenen Wörter müssen Lehrkräfte somit zusätzlich berücksichtigen.

McMaster und Espin kommen 2007 in ihrer Überblicksstudie zu wissenschaftlich evaluierten Lernverlaufstests trotz der stark schwankenden psychometrischen Eigenschaften zu dem Schluss, dass die Bewertungsmethoden der korrekten Wortsequenzen und der Differenz der korrekten minus der falschen Wortsequenzen über alle Jahrgänge hinweg die am besten geeigneten Indikatoren sind. Nichtsdestotrotz wird die Anzahl der geschriebenen Wörter am häufigsten in der Schulpraxis verwendet, weil dieser Index zuverlässig und sehr leicht auszuwerten ist (McMaster / Espin 2007).

Alle vorgestellten amerikanischen Tests wurden ausschließlich nach der KTT geprüft, was nach den aktuellen Kenntnissen psychometrisch nur bedingt ausreicht. Eine explizite Prüfung auf Itemebene ist zwar vorrangig bei Transkriptionsaufgaben möglich, wurde aber bisher nicht vorgenommen. Insgesamt ist die Reliabilität der Lernverlaufstests zum Rechtschreiben ausreichend, aber niedriger als diejenige formativer Tests zur Messung mathematischer Kompetenzen oder im Bereich des Lesens. Erste Untersuchungen zur Testfairness liegen nur von Jewell und Malecki aus dem Jahr 2005 vor. In ihrer Studie wurden Unterschiede zwischen Klassenstufen und Geschlechtern anhand offener Schreibaufgaben mit produktabhängigen und -unabhängigen Bewertungsmethoden untersucht. In allen Klassenstufen wurden signifikante Unterschiede in den produktabhängigen Bewertungen beobachtet, da die Schülerinnen insgesamt mehr Wörter, mehr Wörter korrekt und mehr korrekte Wortsequenzen als die Schüler schrieben. In den produktunabhängigen Bewertungen wurden allerdings keine signifikanten Unterschiede zwischen den Geschlechtern beobachtet (Jewell / Malecki 2005).

McMaster et al. initiierten die erste Längsschnittstudie, in der über einen Zeitraum von zwölf Messzeitpunkten 85 ErstklässlerInnen mehrere geschlossene und offene, bereits evaluierte Schreibaufgaben bearbeiteten. Wöchentlich bearbeiteten die SchülerInnen Transkriptionsaufgaben auf Satzebene und schrieben fünf Minuten lang zu Bildern mit Ein-Wort-Überschriften. Alle zwei Wochen vervollständigten die SchülerInnen den Anfang einer Geschichte. Die längsschnittlichen Analysen zeigten, dass alle Aufgaben und Bewertungsmethoden den Lernzuwachs nach ein paar Wochen sensitiv abzeichneten. Allerdings wurde ein Abstand von mindestens neun Wochen zwischen den Messzeitpunkten benötigt, um einen stabilen Lernzuwachs abzutragen. Erst ab dieser Zeitspanne konnten hohe Korrelationen von über r = .70 beobachtet werden (McMaster et al 2011). Diese Ergebnisse decken sich mit denen der Leseforschung (Christ et al. 2013), dass auch Lernzuwächse im Rechtschreiben über viele Wochen gemessen werden müssen, um zuverlässige Lernzuwächse abtragen zu können.

Die Entwicklung deutschsprachiger Lernverlaufstests zur Erfassung von Rechtschreibkompetenzen wurde in den 2010er Jahren aufgenommen. Voß und Hartke sehen in diesem Bereich immer noch das größte Forschungsdesiderat (Voß/Hartke 2014). Nachfolgend werden einige bekanntere Instrumente beispielhaft aufgeführt und beschrieben.

7.1 Lernverlaufsdiagnostik Rechtschreiben – pragmatischer Ansatz

Strathmann und Klauer veröffentlichten erstmalig einen Vorschlag für einen deutschsprachigen Lernverlaufstest zur Messung der Rechtschreibkompetenzen(Strathmann/Klauer 2008). Dieser ist ein Diktattest, der die Transkriptionsfähigkeiten der SchülerInnen misst. Er ist für den Einsatz in Grund- und Förderschulen nach einem pragmatischen Ansatz konstruiert. Aus einem geschlossenen Itempool werden pro Messzeitpunkt händisch zufällig 20 Wörter gezogen. Ein Item kann nicht doppelt gezogen werden. Je 20 Wörter werden zu einem Diktat zusammengefasst. Durch dieses Verfahren werden mehrere parallele Testformen gebildet. Bei der Durchführung wird den SchülerInnen zuerst das Zielwort einzeln vorgesprochen und anschließend in einen Satzkontext eingebettet. Danach schreiben die SchülerInnen nur das einzelne Zielwort auf. Diese Wortdiktate werden 20-mal wiederholt, bis alle Items eines Paralleltests diktiert wurden. Die Schreibung der Wörter wird nach den Kategorien richtig oder falsch bewertet.

Zur Itemgenerierung erstellten die TestautorInnen zuerst einen Grundwortschatz (Strathmann/Klauer 2010). Dafür verglichen sie drei für die Grundschule relevante Grundwortschatzlisten. 480 Wörter kamen in allen drei Listen vor und bildeten den Grundwortschatz des Testverfahrens. In dem Grundwortschatz waren alle Wortarten enthalten und die Wörter befanden sich in der Grundform (z.B. Infinitiv bei Verben, Nominativ Singular bei Substantiven, Positiv bei Adjektiven). Bei der Erstellung der parallelen Testversionen wurde keine Unterscheidung zwischen den Wörtern vorgenommen.

Für eine Verbesserung der Testkonstruktion wurde der Itempool erweitert (Strathmann et al. 2010). Die Wörter des Grundwortschatzes wurden flektiert. Nach diesem Prozess umfasste der Itempool 1334 Wörter. Neben der Erweiterung des Itempools wurde ein Zufallsgenerator zur Erzeugung der Parallelformen eingesetzt. Auch bei dieser Prozedur konnten keine Wörter doppelt in einer Wortliste vorkommen. Strathmann et al. untersuchten die verbesserte Testform mit einer Stichprobe von 121 GrundschülerInnen der zweiten, dritten und vierten Jahrgangsstufen zweier Grundschulen. Über 20 Wochen wurden, außer zu Ferienzeiten, die Diktate wöchentlich durchgeführt.

Studierende bewerteten ausschließlich, ob die diktierten Wörter korrekt geschrieben worden waren. Wie in den amerikanischen Studien wurde die Art der möglichen Fehler nicht berücksichtigt. Die Reliabilitätswerte der benachbarten Messzeitpunkte streuten in der dritten Klassenstufe von r =.36 – .96. Die TestautorInnen interpretierten diese Werte als nicht zufriedenstellend, da die eingesetzte Methode in amerikanischen Studien zuvor bereits mehrfach erfolgreich mit höherer Reliabilität genutzt worden war.

Ein weiteres wichtiges Ergebnis ihrer Studie war, dass trotz der zufälligen Itemgenerierung aus einem großen und kontrollierten Grundwortschatz für die Grundschule keine homogenen Paralleltestschwierigkeiten erreicht wurden. Je nach Klassenstufe unterschieden sich die mittleren Schwierigkeiten von zwei bis sechs Tests signifikant. Strathmann et al. (2010) untersuchten ebenfalls die **Lernverläufe** im Längsschnitt im Klassenmittel und beobachteten **vier verschiedene Verlaufstypen**.

- Die Lernverläufe der meisten SchülerInnen (42%) stiegen linear an.
- Bei 30% der SchülerInnen wurde kein positiver Lernanstieg gemessen.
- Bei 16% wurden Deckeneffekte beobachtet.
- Bei den restlichen SchülerInnen (12%) schwankte der Lernverlauf stark, sodass von einem nicht linearen Verlauf ausgegangen wurde (Strathmann et al. 2010).

Eine Reanalyse der Lernverläufe der SchülerInnen mit Förderbedarf von Strathmann und Klauer aus dem Jahr 2008 bestätigte eine vergleichbare Verteilung der Lernverlaufstypen und deren Anteile (Strathmann/Klauer 2008). Mit Blick auf die Weiterentwicklung deutschsprachiger Lernverlaufstests zum Rechtschreiben implizieren diese Ergebnisse, dass entweder die Items enger ausgewählt werden müssen oder eine alternative Bewertungsmethode herangezogen werden sollte. Die beobachteten Verlaufstypen sprechen einerseits für eine langsame Entwicklung von Rechtschreibkompetenzen und andererseits aufgrund des hohen Anteils der SchülerInnen mit ausbleibendem Lernzuwachs für die Notwendigkeit der formativen Diagnostik für das Rechtschreiben.

7.2 Lernverlaufsdiagnostik Resi 1–4 – Klassenbasierter Ansatz

Auf der Onlineplattform www.lernlinie.de werden auch Lernverlaufsverfahren zur Messung der Rechtschreibkompetenzen in Klasse 1 bis 4 angeboten (Voß et al. 2020a). Wie die Lesetests werden diese ebenfalls nach der probabilistischen Testtheorie überprüft und als Open-Access-Dokumente kostenfrei veröffentlicht. Die LVD RESI 1 – 4 für das Rechtschreiben wird von einem Screening von Rechtschreibkompetenzen sowie von Diagnose- und Förderblättern begleitet. Der Konstruktionsansatz ist klassenbasiert, da sich die Itemgenerierung pro Klassenstufe unterscheidet.

Die Resi-Tests sind analoge Wortdiktate und können monatlich ab Mitte der ersten Klasse eingesetzt werden. Die Durchführungsdauer ist nicht begrenzt, damit die Rechtschreibkompetenz und nicht das Arbeitstempo der SchülerInnen gemessen werden. Die Durchführungszeit beläuft sich laut den TestautorInnen auf ca. zehn Minuten pro Wortliste. Sie sind für alle GrundschülerInnen mit und ohne SPU geeignet. Die Testkonstruktion entspricht dem CBM-Ansatz und orientiert sich an den regelhaft erworbenen Rechtschreibkompetenzen in der Grundschule. Die Tests berücksichtigen regelhafte sowie unregelmäßige Rechtschreibphänomene in den frühen Klassenstufen und sind in Anlehnung an den Stufenaufbau der Rechtschreibung nach Reber und Kirch (2013) konstruiert.

Je nach Klassenstufe enthalten die Wortlisten eine unterschiedliche Anzahl von Wörtern:

- Klasse 1: 12 Wörter
- Klasse 2: 16 Wörter
- Klasse 3: 20 Wörter
- Klasse 4: 24 Wörter

Pro Klassenstufe gibt es zehn parallele Wortlisten, die gleich viele Wörter gleicher bzw. ähnlicher Schwierigkeiten enthalten (Voß et al. 2017). Die Konstruktion der Wortlisten unterscheidet sich nach Klassenstufen.

Die Aufgaben für das **erste Halbjahr der ersten Klasse** sind leicht abgewandelt und prüfen Vorläuferfähigkeiten zum Rechtschreiben sowie Kompetenzen der alphabetischen Strategie. In den Lernverlaufstests werden den SchülerInnen Aufgaben zum Erkennen von An-, Mit- und Endlauten sowie zur Verschriftlichung von einzelnen Graphemen und Silben gestellt. Ab dem **zweiten Halbjahr der ersten Klasse** beinhalten die Wortlisten unterschiedlich schwierige Wörter. In der ersten Klasse werden nur lautgetreue Wörter sowie häufige Wörter (z. B. „zu", „um") abgefragt. Lautgetreue Wörter kommen in den Wortlisten aller Klassenstufen vor, um auch im unteren Leistungsniveau differenzieren zu können.

In der **zweiten Klassenstufe** werden neben lautgetreuen Schreibungen auch Wörter mit Mehrfachgraphemen, Diphthongen und Umlauten abgefragt. Zusätzlich werden weiterhin häufige Wörter aus dem Grundschulbereich abgefragt.

Die Wortlisten für die **dritten Klassen** enthalten neben Wortstrukturen aus der ersten und zweiten Klassenstufe auch längere Wörter mit Auslautverhärtung, Dehnungs-h, Mehrfachkonsonanz und Wortzusammensetzungen.

In der **vierten Klassenstufe** werden dann noch komplexere Wörter abgefragt, die schwierige orthographische Regelhaftigkeiten wie z. B. *st-* und *sp*-Schreibung und stimmloses *-r* enthalten. Unregelmäßige Schreibungen mit *x* und *chs* sowie das silbentrennende *-h* werden ebenfalls aufgenommen.

Die Wörter der Wortlisten haben eine feste Reihenfolge und werden den SchülerInnen erst einzeln genannt, dann im Satzkontext eingebettet und anschließend einzeln wiederholt. Die Auswertung der Schreibungen kann mit Hilfe der Internetseite www.lernlinie.de durchgeführt werden. Dafür müssen die Lehrkräfte die Schreibungen der SchülerInnen in die Plattform eingeben. Als Hilfestellung werden typische Fehlschreibungen vorgeschlagen. Als Bewertungsmethode werden die Graphemtreffer getrennt nach einzelnen Buchstaben, Diphthongen, mehrgliedrigen Konsonanten, Vokalen mit Längezeichen bzw. Dehnung, Doppelkonsonanten, Fremdwortschreibung und orthographischen Besonderheiten ausgewertet.

Anhand einer Gesamtstichprobe von N = 2888 SchülerInnen der ersten bis vierten Klassen wurde die psychometrische Güte der RESI 1–4 Tests nach der IRT geprüft und normiert (Mahlau et al 2020). Die Daten der SchülerInnen wurden über zwei Schuljahre hinweg erhoben, sodass ein Großteil der SchülerInnen die Lernverlaufstests in zwei unterschiedlichen Klassenstufen bearbeitete. Die Auswertungen bestätigen eine Passung mit dem Raschmodell und, dass der Messbereich der Items weitestgehend den Leistungsbereich der SchülerInnen abdeckt. Der Vergleich mit der konstruktnahen Kompetenzerfassung in Kindergarten und Schule (May et al. 2013) korrelierte ausnahmslos signifikant und hoch (r =.53 – .77). Alle bisher publizierten Ergebnisse sprechen für eine sehr gute Eignung der entwickelten RESI 1 – 4 Tests zur Lernverlaufsmessung.

7.3 Lernfortschrittsdiagnostik Orthographie – Robuster-Indikator-Test

Walter und Clausen-Suhr veröffentlichten 2018 einen Lernverlaufstest für die zweite und dritte Klassenstufe unter dem Namen „Lernfortschrittsdiagnostik Orthographie". Dieses Verfahren besteht aus zehn parallelen Diktaten mit je 23 Wörtern und kann in zwei Varianten fünfmal pro Schuljahr durchgeführt werden. Die Zielgruppe sind GrundschülerInnen sowie SchülerInnen mit sonderpädagogischem Förderbedarf.

Die **Durchführung** wird mit Hilfe eines Computers über die Sprachausgabe angeleitet und dauert pro Kind ca. 15 Minuten. Über den Computer werden den SchülerInnen die zu schreibenden Wörter eines Diktats dreistufig vorgesprochen. Wie bei Strathmann und Klauer (2008) wird zuerst das zu schreibende Wort einzeln genannt, danach in einem Satzkontext eingebettet vorgesprochen und anschließend wieder einzeln genannt. Nach dem Vorsprechen werden die Kinder aufgefordert, das Zielitem auf einem dafür vorstrukturierten Papier mit 23 Linien aufzuschreiben.

Laut der TestautorInnen dauert die **Auswertung** eines Diktats fünf bis sechs Minuten. Zur Unterstützung der Auswertung wird eine Auswertungssoftware angeboten, die Lehrkräfte anleitet, die Schreibprodukte händisch zu bewerten. Eine automatisierte Auswertung erfolgt nicht, da die SchülerInnen die Diktate per Hand schreiben. Die Auswertungssoftware zeigt die Wörter des Diktats getrennt nach Graphemen an. Die Lehrkräfte gleichen dann die Zielgrapheme mit den Verschriftungen der SchülerInnen ab und klicken alle korrekten Grapheme in der Auswertungssoftware an. Der Computer berechnet anschließend alle Bewertungsmaße eigenständig (Walter/Clausen-Suhr 2018).

Zur Itemkonstruktion haben sich Walter und Clausen-Suhr aufgrund der nicht homogenen Itemschwierigkeiten aus früheren Forschungsergebnissen gegen eine zufällige Wortauswahl und für einen Robusten Indikator Konstruktionsansatz entschieden. Es wurden **sechs Kriterien** formuliert, anhand derer die Wörter für die parallelen Diktatversionen ausgewählt wurden.

1. Das erste Kriterium kontrolliert die Anlautstruktur der Wörter. Im Deutschen gibt es 23 häufige Anlautstrukturen. Jede Anlautstruktur kommt in jedem Diktat einmal vor, wodurch die Itemanzahl von 23 Wörtern pro Diktat begründet ist.
2. Das zweite Kriterium legt fest, dass die Wortarten Nomen, Verb und Adjektiv mit den Endmorphemen <-ung>, <-en>, <-ig>, <-lich> im gleichen Anteil vorkommen.
3. Das dritte Kriterium beschreibt, dass Vokale, Diphthonge und Umlaute gleichmäßig in der Mitte der Wörter verwendet werden.
4. Das vierte Kriterium reguliert die Wortlänge. Anhand der Buchstabenanzahl wurden die Items in kurze und lange Wörter und gleichmäßig in den Diktaten verteilt. Zur Einhaltung des vierten Kriteriums wurden manche Nomen im Plural verwendet.
5. Das fünfte Kriterium legt fest, dass in jedem Diktat zwei bis vier Nomen im Plural eingebettet sind.
6. Das sechste Kriterium beschreibt Wörter, die nicht verwendet werden dürfen. Aufgrund der Seltenheit werden Eigennamen und Wörter mit <ß> und <qu> als Items ausgeschlossen.

Aus Wörterbüchern für die Grundschule sammelten die TestautorInnen nach den oben genannten Kriterien geeignete Wörter und schufen zehn parallele Testversionen.

Die diktierten Wörter werden in fünf Varianten bewertet:

- die Anzahl der korrekt geschriebenen Wörter
- die Anzahl der korrekten Graphemtreffer
- die Anzahl der korrekten Anlautstruktur
- die Anzahl korrekter Groß- und Kleinschreibung
- die korrekt geschriebenen Graphemtreffer multipliziert mit der Anzahl der korrekt geschriebenen Wörter (Orthographischer Kompetenz-Index, Walter/Clausen-Suhr 2018).

Die Lehrkräfte beurteilen die Anzahl der korrekt geschriebenen Wörter und die Anzahl der korrekten Graphemtreffer, welche mit der Anzahl der korrekten Buchstabensequenzen aus der amerikanischen Forschung vergleichbar sind, die Anzahl der korrekten Anlautstruktur und der Groß- und Kleinschreibung.

Zusätzlich führen Walter und Clausen-Suhr (2018) den Orthographischen Kompetenz-Index ein. Dieser multipliziert die korrekt geschriebenen Graphemtreffer mit der Anzahl der korrekt geschriebenen Wörter.

Gemessen am orthographischen Kompetenz-Index konnten die Lernverläufe am besten durch ein lineares Wachstum modelliert werden und es wurden mitunter signifikante Lernzuwächse beobachtet (Walter/Clausen-Suhr 2018, Strathmann/Klauer 2008). Bei der Messung der Rechtschreibkompetenzen mit dem Verfahren von Walter und Clausen-Suhr (2018) wurden in der einjährigen Normierungsstudie besonders viele Lernverläufe ohne Fortschritte beobachtet. In der zweiten Klassenstufe waren es 38% und in der 45% der SchülerInnen.

7.4 Wortdiktat der Onlineplattform Levumi – entwicklungsmodellbasierter Ansatz

In der Onlineplattform Levumi ist ein Wortdiktat mit einem Itempool von 53 Wörtern zur formativen Erfassung von Rechtschreibkompetenzen implementiert (Mau et al. 2018). Der Test ist als Robuster-Indikator-Test konstruiert. Die Entwicklung des Itempools wurde in Anlehnung an das validierte, sprachsystematische Rechtschreibkompetenzmodell von Blatt et al. (2011) generiert. Diese Verbindung ermöglicht neben der quantitativen Auswertung ebenfalls eine qualitative Analyse der Schriftproben der SchülerInnen.

Dieses Modell wurde gewählt, da es im Rahmen mehrerer Studien zur Unterscheidung der Qualität der Rechtschreibung validiert wurde (z.B. Blatt et al. 2016). Jedes der 53 Wörter prüft eine oder mehrere rechtschreibliche Teilkompetenz(en). Dafür wurden innerhalb der Wörter Lupenstellen definiert, die eindeutig einem Rechtschreibphänomen zugeordnet werden können.

Mittels zufälliger Ziehung wird aus den 53 Items pro Messzeitpunkt jeweils eine individuelle parallele Testform gezogen. Die Bearbeitungszeit beträgt 20 Minuten. Nach Ablauf der Bearbeitungszeit dürfen die SchülerInnen das aktuelle Item zu Ende bearbeiten. Danach beendet die Plattform den Test automatisch.

Ein weiteres Alleinstellungsmerkmal dieses Tests ist, dass er webbasiert im Browser durchgeführt wird. Den SchülerInnen werden per Kopfhörer die Items (Wörter) erst alleine, dann im Satzkontext und anschließend wieder alleine vorgesprochen. Die SchülerInnen tippen auf der Tastatur ihre Lösung in den Browser ein und bestätigen ihre Eingabe mit einem weiteren Klick. Es ist zulässig, dass die SchülerInnen ihre Eingaben korrigieren. Damit Schwierigkeiten im Umgang mit der Tastatur und dem Test das Testergebnis nicht verfälschen, wird in der Onlineplattform Levumi eine kindgerechte Tastaturschulung angeboten. Zusätzlich werden in der kostenfreien Handreichung mögliche Fehlerquellen bei der Bedienung der Tastatur (z.B. Drücken der Cap Lock Taste oder Windows Taste) beschrieben (Jungjohann et al. 2019b).

Durch die Digitalität des Tests werden den Lehrkräften automatische Auswertungen angeboten. Die quantitative Auswertung erfolgt auf Wortebene und prüft, welche Wörter korrekt oder falsch geschrieben wurden. Die Anzahl der richtig geschriebenen Wörter stellt den Gesamtscore des Tests dar. In einem Lernverlaufsgraphen wird der Gesamtscore im zeitlichen Verlauf abgebildet, und zusätzlich werden eine Auflistung aller korrekt verschriftlichten und falsch gelösten Wörter sowie die prozentuale Lösungswahrscheinlichkeit tabellarisch dargestellt. Als qualitative Auswertung werden die bearbeiteten Items nach fünf Rechtschreibphänomenen (dem phonographischen, silbischen, morphologischen und wortübergreifenden Prinzip sowie dem Wortbildungsprinzip) aufgeteilt ausgewertet. Aus dieser Darstellung können unmittelbare Konsequenzen für die schulische Förderung abgeleitet werden.

In einer ersten Studie wurde der Test mit N = 148 DrittklässlerInnen aus Schleswig-Holstein zu fünf Messzeitpunkten jeweils im Abstand von vier Wochen im ersten Schulhalbjahr pilotiert (Mau et al. 2018). Die SchülerInnen erhielten beim ersten Messzeitpunkt eine Einführung durch die Tastaturschulung und bearbeiteten eine Kurzversion des Tests mit einer Bearbeitungsdauer von 15 Minuten am Computer als Gruppentest. Bei allen weiteren Messzeitpunkten wurde die Bedienung mündlich wiederholt und die Testzeit betrug 20 Minuten. Beim letzten Messzeitpunkt bearbeiteten die SchülerInnen zusätzlich die Hamburger Schreibprobe als kriteriales Valdierungsmaß. Die Itemschwierigkeiten lagen zwischen p =.49 – .68, und mittels t-Tests wurden signifikante Mittelwertsunterschiede zwischen dem zweiten und fünften Messzeitpunkt in allen Skalen der Rechtschreibbereiche gefunden.

Diese ersten Ergebnisse deuten darauf hin, dass das Verfahren zur Lernverlaufsmessung geeignet sein könnte. Insbesondere die differenzierte Auswertung der Schreibproben nach Rechtschreibphänomenen verspricht einen hohen Nutzen in der Schulpraxis, da aus diesen Ergebnissen unmittelbare Implikationen für die Förderung abgeleitet werden können. Außerdem sind die vollständige digitale Anwendung und automatische Auswertung vorteilhaft für eine wiederholende Anwendung im Unterricht.

8 Mathematik

LVD wird im Bereich Mathematik häufig anhand des Lehrplans konstruiert. Viele Tests insbesondere in der amerikanischen Forschung orientierten sich an bestimmten Aufgaben oder Inhalten des Lehrplans (Tindal 2013) und sind eng mit einem RTI Framework (Björn et al. 2018) verbunden. Insbesondere für die ersten Schuljahre und den Grundschulbereich gibt es in den USA eine Vielzahl an lehrplannahen Instrumenten der LVD für die Bereiche frühe mathematische Basiskompetenzen (Zählen, Identifizieren von Zahlen und Nachbarzahlen, Zahlenstrahl, Aufgaben zu Mengen), Grundrechnen und Textaufgaben (Hosp et al. 2007; Thurber 2002).

Als vorwiegender Konstruktionsansatz wird für das Fach Mathematik der Curriculum-Sampling-Ansatz auf das gesamte Schuljahr angewandt. So beinhalten Tests für die Klassenstufe 2 Additions- und Subtraktionsaufgaben sowie Multiplikations- und Divisionsaufgaben, während Tests für die Klassenstufe 6 eher Divisionsaufgaben mit Komma oder die Addition von Brüchen umfassen (Foegen et al. 2007). Der Robuste Indikator-Ansatz dagegen beinhaltet eine eindimensionale Testkonstruktion zu einem spezifischen Konstrukt wie beispielsweise das Teil-Teil-Ganze-Prinzip. Der Robuste Indikator soll dann die Entwicklung in der mathematischen Kompetenz über ein Schuljahr gut vorhersagen. Diese Tests sind meist nicht mit einem spezifischen Förderkonzept und Lehrplan direkt verbunden, wie es bei Tests nach dem Curriculum-Sampling-Ansatz meist der Fall ist. In ihrem systematischen Review fanden Foegen et al. (2007) heraus, dass die meisten Instrumente für die Grundschule konzipiert (17 Studien im Vergleich zu jeweils 4 Studien im Vorschul- und Sekundarstufenbereich) und alle Instrumente nach dem Curriculum-Sampling-Ansatz konstruiert wurden. Erst in neuerer Zeit gibt es Instrumente, welche den Ansatz des Robusten Indikators benutzen, um numerische Basiskompetenzen zu erfassen (Lee/Lembke 2016).

Traditionell wurden die Testaufgaben zufällig aus dem Lehrplan und den relevanten Schulbüchern für die LVD ausgewählt, während die neuere Forschung eine systematische, theoriebezogene Konstruktionsweise bevorzugt (Christ et al. 2008). Eine systematische Konstruktionsweise verringert die Inkonsistenz der Ergebnisse über die Zeit und ist ebenfalls für Außenstehende und die AnwenderInnen nachvollziehbarer in der Interpretation.

Christ et al. (2008) verglichen in ihrem narrativen Review die Forschung im Bereich Grundrechnen. Hier führten sie fünf Studien auf, welche zeigten, dass die gemessene Lernentwicklung der Tests mit der Messung eines Statustests am Ende des Schuljahres hoch korrelierte und die Lernverlaufstests damit ein valides Maß beinhalteten. Die typische Durchführungszeit bei den meisten mathematischen Lernverlaufstests lag bei zwei Minuten. Zusätzlich zeigte das Review, dass die Studien die Reliabilität als interne Konsistenz berichteten, aber die Fairness zwischen den Paralleltests auch in Bezug auf Risikogruppen nicht geprüft wurde. Daher warnt Christ et al. (2008) in seiner Schlussfolgerung auch vor einer Überinterpretation der Ergebnisse in der Praxis. Solange die Instrumente nicht wissenschaftlich geprüft sind, empfiehlt er eine vorsichtige Interpretation als Screeninginstrument. So kam auch Hoffmann-Lach (2013) zu dem Schluss, dass erst zukünftig die Tests zur LVD in Mathematik nach den Ansprüchen der probabilistischen Testtheorie konstruiert werden und noch wenig Forschung in diesem Bereich zur Verfügung steht.

Als ein Vorläufer der in Deutschland entwickelten LVD können die Diagnose- und Förderblätter in drei Bänden (Klauer 1994) gesehen werden, da diese bereits systematisch konstruiert wurden, aber noch keine graphische Rückmeldung vorgesehen hatten. Diese wurden als Material für den Praxiseinsatz für die Klassen 2 bis 4 mit den Inhalten Addition, Subtraktion, Multiplikation, Division und Größen entwickelt. Ebenso ist auch das Inventar Rechenfische (Knopp/Hartke 2010) als Vorläufer zu sehen, da es ein Screening mit drei Messzeitpunkten für die Klasse 1 mit den Inhalten Addition, Subtraktion, Zahlen zerlegen, Zahlreihen ergänzen, Textaufgaben und Zahlenstrahl ist.

Eine der ersten LVD im Bereich Mathematik ist die LVD Mathematik für zweite bis vierte Klassen (Strathmann/Klauer 2012). Dieser computerbasierte Test wurde für die Klassen 2 bis 4 mit einer zufälligen Ziehung der Items pro Test und Person mit den Inhalten Addition, Subtraktion, Multiplikation und Division entwickelt. Die Testkonstruktion und empirische Prüfung stützt sich auf die Überlegungen von Klauer (2011). Der Test ist normiert und wurde auf Fairness zwischen den individuellen Tests im Schnitt erfolgreich geprüft (Strathmann/Klauer 2010).

8.1 Pragmatische Ansätze

8.2.1 Lernfortschrittsdiagnostik Grundrechenarten

Die Lernfortschrittsdiagnostik Grundrechenarten (Müller/Hartmann 2014) ist eine LVD mit mehreren Testheften im Grundrechnen für die Klassen 1 bis 4 mit den Inhalten Addition, Subtraktion, Multiplikation und Division. Die Tests wurden mittels Strukturgleichungsmodellierung auf Reliabilität und Fairness geprüft. Unter dem pragmatischen Ansatz steht die Praktikabilität im Vordergrund und es wurden daher praktikable Umsetzungen als Papierversion in Bezug auf das Curriculum angewendet.

8.2.2 Curriculumbasiertes Messverfahren für die vierte Klassenstufe „Zahlen und Operationen"

Rensing et al. (2016) konstruierten ein curriculumbasiertes Messverfahren für die vierte Klassenstufe im Kompetenzbereich „Zahlen und Operationen" der Bildungsstandards. Die Konstruktionsweise bezieht sich auf den Curriculum-Sampling-Ansatz und es wurden 180 verschiedene Aufgaben aus den Bereichen Stellenwertsystem, Addition, Subtraktion, Multiplikation und Division mittels des Computerprogramms Rechenblatt in drei Niveaustufen erstellt. Diese wurden zu zwölf Testheften mit jeweils 15 unterschiedliche Items zusammengefasst.

Da die Items unterschiedlich sind und jeweils nur in einem Test vorkommen, sind die Paralleltests nicht verbunden. Daher ist eine Prüfung auf eine gleiche Itemschwierigkeit der Tests nicht möglich. Um diesen Test auszuwerten, muss also angenommen werden, dass die theoretisch generierten Aufgaben auch empirisch gleich schwierig oder zumindest pro Testbogen pro Kind im Mittel gleich schwer waren. Diese Konstruktionsweise kommt dem Vorgehen von PraktikerInnen in der Schule sehr nahe und kann in kurzer Zeit durchgeführt werden. Der Nachteil ist, dass nicht alle theoretischen Annahmen der LVD empirisch geprüft werden können.

Die Durchführung der evaluierenden Studie fand immer in der ersten Schulstunde durch geschulte Studierende zwischen Ostern und den Sommerferien statt. Insgesamt wurden zwölf Messungen in sechs Wochen durchgeführt. Im Schnitt verbesserten sich die SchülerInnen nach fünf Minuten Testung von neun gelösten Items zum ersten Messzeitpunkt auf elf gelöste Items zum letzten

Messzeitpunkt (Rensing et al. 2016). Dieses Ergebnis zeigt, dass ohne Intervention die Steigungen moderat sind. Ebenso gilt, je breiter und gröber der Test misst, umso weniger stark wird die Lernentwicklung als Steigung dargestellt. Die richtige Passung zwischen Zielgruppe und Testschwierigkeit zu finden, ist daher nicht trivial, insbesondere wenn die Zielgruppe eines Tests eine heterogene Schülerschaft und/oder SchülerInnen mit Lernschwierigkeiten sind.

Der Nachteil des pragmatischen Ansatzes ist, dass Fragen zu den Gütekriterien offen sind. Weitere Analysen zur Fairness auf Itemebene, zur Dimensionalität und Sensibilität werden für diese Verfahren noch benötigt.

8.2.3 Itemgenerator zur Zahlzerlegung

Scheer (2020) erweitert den pragmatischen Ansatz. Um LVD für Lehrkräfte schnell, aber theoretisch fundiert zu erstellen, programmierte er in einem freien Kalkulations- und Tabellenprogramm Itemgeneratoren für einfache Skilltests zum Beispiel für die Zahlzerlegung bis 10 (Scheer 2020). Diese Tests sind streng genommen nur theoretisch fundiert, da eine psychometrische Prüfung noch nicht vorgenommen wurde. Aufgrund des engen und begrenzten Rahmens des Tests sollte eine empirischen Prüfung bei der passenden Zielgruppe positive Ergebnisse ergeben.

8.3 Klassenbasierte Ansätze

8.3.1 Quop

Souvignier et al. (2014) entwickelten die Onlinetestplattform www.quop.de. Diese misst den Lernfortschritt über ein Schuljahr anhand von acht Messzeitpunkten für die Klassenstufe. Die Plattform wird gemeinsam mit einer Firma betrieben und ist kostenpflichtig. Die Tests sind nicht einsehbar und können daher im Detail nicht besprochen werden. Die Tests im Bereich Mathematik decken die wichtigsten Aufgaben des Lehrplans ab und bestehen aus mehreren Subdimensionen. Die Auswertungen anhand des Raschmodells (Gebhardt et al. 2015b) und latenten Wachstumskurvenmodellen (Salaschek et al. 2014) zeigen eine gute empirische Passung für die Tests. Die SchülerInnen lernen aber nicht gleich anhand eines Schuljahres.

Anhand einer Latent Class Growth Analysis fanden sich in den Daten der 2. Klasse acht latente Klassenzuordnungen, welche verschiedene Lernverläufe charakterisieren, mit unterschiedlichen Lernverläufen (Salaschek et al. 2014). Während eine starke Lernkurve von einem niedrigen Wert zu einem hohen Wert an den letzten Messzeitpunkten nur 33 % der SchülerInnen aufwiesen, hatte der Rest der SchülerInnen nur schwache bis keine Lernerfolge. Dies betraf sowohl die sehr guten Rechner mit hohen Werten (7 %) als auch die beiden latenten Klassen mit den niedrigsten Werten (23 % und 7 %). Während die Werte der sehr guten SchülerInnen sich mit dem Deckeneffekt erklären lassen, sind insbesondere die niedrigen Werte von 30 % der SchülerInnen, die auch kaum eine Verbesserung im regulären Unterricht erreichen, alarmierend.

8.3.2 Rügener Lernverlaufsdiagnostik

Das Rügener Inklusionsmodell führte für die inklusiven Grundschulen zur RTI-Struktur ein Förderkonzept (für Mathematik und ein ähnliches für Deutsch, Sprache und Verhalten) und LVD mit ein. Voß (2014) stellt in seiner online frei erhältlichen Dissertation das Konzept, die Grundlagen der mathematischen Kompetenzentwicklung und die daraus resultierenden ersten eigenen CBM-Tests sowie deren Evaluation umfangreich und detailreich vor. Die CBM bestehen aus kurzen Speedtests zum Bereich frühe numerische Basiskompetenzen.

Die Tests werden einzeln für den 20er-Raum für die Bereiche Zahlenlesen, Zahlenreihe, Mengenvergleich, Zahlzerlegung, Addition, Subtraktion beschrieben, hinzu kommt der aus mehreren Aufgaben gemischte Test Basiskompetenzen.

Die Ergebnisse zeigen, dass die Tests reliabel sind und auch die Lernfortschritte der SchülerInnen messen. Dies ist sicher dadurch begründet, dass die Tests nach einem sehr engen Rahmen konstruiert sind und auch in einem Förderprogramm von fortgebildeten Lehrkräften begleitet wurde. Der Nachteil dieser engen Tests ist, dass sie nur einen kurzen Lernabschnitt der SchülerInnen messen, daher sind die später konstruierten LVD der Arbeitsgruppe für die Klassenstufe 3 und 4 (Sikora / Voß 2017) breiter konstruiert.

Für jede Klasse und jede Grundrechenart (Addition, Subtraktion, Multiplikation und Division) gibt es einen CBM mit 24 Aufgaben pro Testzeitpunkt mit unterschiedlichen Schwierigkeitsstufen nach Zahlenraum und Stellenwertübergang. Es wurden zehn parallele Test aus verschiedenen, möglichst homogenen Aufgabenpools für zehn Messzeitpunkte entwickelt, welche im Abstand von vier Wochen den Lernverlauf eines Schuljahres messen.

Die Ergebnisse der Studie zeigen, dass die Tests den Anforderungen des Raschmodells entsprechen und über die Zeit reliabel den Lernverlauf messen. Die LVD des Rügener Inklusionsprojektes, welches auf dem RTI-Konzept beruht, findet sich unter der Seite www.lernlinie.de. Hier gibt es für die Klassenstufen 1 bis 4 jeweils einen CBM mit dem Namen Mathea im Angebot.

8.4 Goldmünzenjagd – Robuster-Indikator-Test

Im kostenpflichtigen **Lernspiel Meister Cody** ist die LVD „Goldmünzenjagd" implementiert, welche von Tobias Kuhn entwickelt wurde. Im Fachartikel Schwenk et al. (2017) wurde diese computergestützte LVD vorgestellt. Das Lern- und Testprogramm ist für den Bereich Lerntherapie und Umgang mit Rechenstörungen entwickelt worden. Da das Programm außerhalb der Schule eingesetzt wurde, wurde die LVD als Robuster Indikator unabhängig von der Klassenstufe aus den Inhaltsbereichen Addition, Subtraktion und Zahlenordnen zusammengestellt.

Der Test ist mit dem Förderprogramm verknüpft und wird bei regulärer Anwendung des Lernprogramms einmal wöchentlich durchgeführt. Die Testung wird automatisch vom Computer ausgewertet und an Eltern und Lerntherapeut per E-Mail verschickt. Die Tests werden pro Kind und Testzeitpunkt zufällig aus dem durch die Konstruktionsregeln definierten Pool möglicher Aufgaben gezogen. Der Test heißt Goldmünzenjagd, da das Kind die Möglichkeit hat, fünf Goldmünzen pro Aufgabe zu bekommen, wenn es die Aufgaben unter 3,5 Sekunden richtig beantwortet. Beantwortet das Kind die Aufgabe später richtig, bekommt es weniger Goldmünzen. Rät es schnell falsch, werden dem Kind Goldmünzen abgezogen. Damit erhält das Kind sofort Rückmeldung und die LVD ist auch eine Gamification, welche die Antworten nach der Geschwindigkeit gewichtet. Die Auswertung der Studie zeigt, dass die LVD reliabel ist und das Münzscoring stabilere Werte liefert als die Auswertung anhand der gelösten Aufgaben. Nachdem die Förderung mit der Lernverlaufsdiagnostik im Sinne einer Interventionsstudie durchgeführt wurde, zeigen die Wachstumskurvenmodelle positive Steigungen für die Gesamtgruppe, aber auch für RisikoschülerInnen (definiert durch die niedrigsten 25 % zum Prätest).

8.5 Entwicklungsmodellbezogene Ansätze

8.5.1 Lernverlaufsdiagnostik für den mathematischen Anfangsunterricht

Die Entwicklungsmodell bezogenen Balt et al. (2020) verfolgen eine theoriegeleitete Testkonstruktion anhand eines Stufenmodells der Entwicklung arithmetischer Konzepte von Fritz et al. (2013) vom Kindergarten bis zur Grundschule. Zu diesem Stufenmodell gibt es bereits eine eigene Reihe an Statustests sowie Fördermaterial aus der Gruppe der AutorInnen. Daher kann mit den Materialien bereits ein Lernstatus erkannt und eine Förderung durchgeführt werden. Die Entwicklung einer formativen Diagnostik als LVD ist somit ein logischer Schritt. Diese LVD wurde im Sinne der Konstruktion als Robuster Indikator anhand des Stufenmodells konzipiert. Balt et al. (2017) wählten eine breite Form für einen Test mit Aufgaben aus den unterschiedlichen Bereichen Zählzahl, Ordinaler Zahlenstrahl, Kardinalität und Enthaltensein, welche nach ihrem theoretischen Konstrukt verschiedene Niveaustufen der Entwicklung abdecken. Alle vier Niveaustufen waren bei der Prüfung des Tests in einem Testheft mit 30 Items enthalten. Es wurden drei Testheftversionen mit insgesamt 68 Items konstruiert, wovon elf Items als sogenannte Ankeritems in jedem Test enthalten waren.

Nach der Konstruktion des Tests wird angenommen, dass alle Niveaustufen hintereinander durchlaufen werden. So kann der Test optimal eine Verbesserung der SchülerIn vom Niveaustufe 1 bis zur Niveaustufe 4 messen. Diese Annahme wurde von Balt et al. (2017) anhand des Raschmodells geprüft und es zeigte sich, dass die gewählten Items mit ihren Schwierigkeiten zu dem Niveaustufenmodell passen. Da der Test aus mehreren Aufgabentypen bestand, passten jedoch nicht alle Items zum erwarteten eindimensionalen Raschmodell sowie zum erwarteten Schwierigkeitswert. Dies ist jedoch bei der ersten Konstruktion einer LVD zu erwarten. Ebenso zeigten sich signifikante Fortschritte der SchülerInnen über drei Messzeitpunkte.

In einer weiteren Veröffentlichung werden diese Lernverlaufstests als Learning Progress Assessment bezeichnet, um die Entwicklungsstufen oder Level zu betonen (Balt et al. 2020). In dieser Studie wurde die Reliabilität der Tests für die erste Klasse mittels eindimensionalem Raschmodell nachgewiesen und die Verläufe mittels linear Mixed Models dargestellt und ausgewertet. Es zeigte sich eine geringe durchschnittliche Lernentwicklung aller SchülerInnen über die Zeit und eine gute Erfassung des Lernfortschritts über die theoretisch gebildeten Niveaustufen.

8.5.2 Mathematiktests der Onlineplattform Levumi

Der Aufbau der Tests in Mathematik in der Onlineplattform Levumi folgt den mathematischen Entwicklungsmodellen und orientiert sich an der Zusammenfassung der Modelle von Fischer et al. (2017). Die Tests sind als Robuste Indikatoren mit einer kurzen Durchführungszeit von zwei bis fünf Minuten entwickelt. Für jedes Kind werden aus einem nach Schwierigkeiten gestuften Aufgabenpool Aufgaben individuell gezogen, sodass eine faire Testung über die Zeit möglich ist.

Nachdem sich die Tests in Levumi insbesondere an der Lernentwicklung von SchülerInnen mit Lernschwierigkeiten orientieren, gibt es mehrere Tests mit unterschiedlichen Niveaustufen, um einen engeren Bereich dafür sensibler zu messen. Höhere Niveaustufen enthalten schwierigere Aufgaben, welche nach vorher entwickelten schwierigkeitsgenerierenden Regeln konstruiert wurden. N0 ist im Zahlenraum bis 5, N1 bis 10; N2 bis 20, N3 bis 100, N4 bis 1000 und N5 bis 1.000.000.

In der Onlineplattform Levumi werden schwierigkeitsgenerierende Merkmale genutzt, um einerseits möglichst viele gleich anspruchsvolle Items zu konstruieren und andererseits, um einfachere und schwierigere Items zu erhalten. Alle Items decken unabhängig von ihrem Anspruchsniveau denselben Inhalt und dasselbe Konstrukt ab. Nur wenn das gewährleistet ist, kann die Lehrkraft die Summenscores der SchülerInnen nachvollziehen. Da es in Mathematik meist mehrere Möglichkeiten gibt, einen Test schwieriger und leichter zu gestalten, ist es notwendig, dass die Lehrkraft die schwierigkeitsgenerierenden Regeln kennt und für sinnvoll erachtet. Für die regelgeleitete Itemkonstruktion für einen Additions- und Subtraktionstest im Zahlenraum bis 100 (Anderson et al. in Begutachtung) werden auf Basis kognitiver Theorien zum arithmetischen Kompetenzerwerb (Selter 2001) **drei zweistufige schwierigkeitsgenerierende Merkmale** angenommen:

- arithmetische Operation (0 = Addition, 1 = Subtraktion)
- Zehnerübergang (0 = Nein, 1 = Ja)
- Zweistelligkeit des Subtrahenden/des zweiten Summanden (0 = Nein, 1 = Ja)

Da die schwierigkeitsgenerierenden Regeln miteinander verzahnt sind, haben leichte Items die Zahl 0 als Zuweisung und schwierigere Items mit mehr Regeln, die interagieren, eine höhere Zahl.

Beispiel: 15 + 8 (0,1,0); 29 – 22 (1,1,1); 22 + 25 (0,1,1); 99 – 9 (1,0,0)

Analysiert werden diese Regeln mit Hilfe der IRT. Anderson et al. (in Begutachtung) konnten den Einfluss der drei schwierigkeitsgenerierenden Regeln nachweisen. Dieses Vorgehen der Testkonstruktion wird bei Wilbert (2014) beschrieben und begründet.

9 Lernverlaufsdiagnostik in der Praxis

Die Ergebnisse der LVD dienen Lehrkräften als Grundlage für einen zielgerichteten und adaptiven Unterricht. Den adaptiven Unterricht gestalten die Lehrkräfte individuell mit passenden inhaltlichen und methodisch-didaktischen Lernangeboten für unterschiedliche Lernvoraussetzungen der SchülerInnen (Martschinke 2015). Ziel des adaptiven Unterrichts ist es, eine anregungsreiche Lernumgebung für alle SchülerInnen zu schaffen und individuelle Lernziele zu ermöglichen. Adaptionen betreffen beispielsweise die unterrichtsorganisatorische Ebene, den Zeitpunkt oder die Zielgruppe von individuellen Anpassungen der Methoden und der Lerninhalte (Jungjohann et al. 2021).

Nach dem Prinzip der datenbasierten Förderentscheidungen (engl. data-based decision making) (Voß 2017) wählen und gestalten Lehrkräfte Adaptionen auf der Grundlage von diagnostischen Daten. Diagnostische Daten wie Beobachtungen, Daten von Statustests und LVD werden in einen systematischen Zusammenhang gestellt und gemeinsam im Team mit Fachwissen, fachdidaktischem Wissen und in Bezug auf die aktuelle Situation des Kindes interpretiert, um pädagogische Entscheidungen zu treffen und zu begründen. Unterricht und Förderungen sollen noch besser zu den Lernbedürfnissen der SchülerInnen passen. Mit Hilfe der Daten einer LVD können Lehrkräfte Fördermaßnahmen evaluieren und nachweisen, ob der aktuelle Unterricht sich positiv oder gar negativ auf den Lernerfolg der SchülerInnen auswirkt.

Datenbasierte Förderentscheidungen helfen, die pädagogische Praxis zu reflektieren, und können fragwürdige und nicht wirksame Fördermethoden erkennen. Seit mehreren Jahren wird die datenbasierte Förderpraxis im Kontext verschiedener Unterrichtsfächer erforscht und die Ergebnisse sind vielversprechend. Die SchülerInnen, deren Lehrkräfte datenbasiert Adaptionen vornehmen, erreichen größere Lernfortschritte als die SchülerInnen der Kontrollgruppen (Jung et al. 2018). Insbesondere für SchülerInnen mit geringen Kompetenzen ist dieses Vorgehen empfehlenswert, da ihr größerer Bedarf an individueller Unterstützung frühzeitig bemerkt und Lernzeiten effektiv für lernförderliche Übungen genutzt werden können.

9.1 Anwendung im Unterricht

Ergebnisse der LVD sind als Basis für unterrichtliche Adaptionen zu nutzen und können in der Anwendung der prozessorientierten Förderdiagnostik als Kreislauf gesehen werden (Jungjohann/Gebhardt 2018). Zu diesem Kreislauf zählen folgende Schritte:

1 **Auswahl eines Lernverlaufstests:** Bei der Auswahl entscheidet die Lehrkraft zuerst, welcher Kompetenzbereich in den kommenden Monaten bei einem Kind oder einer Gruppe systematisch überprüft wird. Diese Entscheidung trifft sie vor dem Hintergrund bisheriger Lernentwicklungen, des aktuellen Curriculums und der Informationen aus Statustests. Bei der Auswahl sind wissenschaftlich geprüfte Tests für den Alters- und Kompetenzbereich mit vielen parallelen Testversionen für mehrere Messungen, automatisierter Auswertung und unterstützenden Materialien (z. B. Interpretationshilfen, Förderempfehlungen) zu bevorzugen. Für kompetente, meist ältere SchülerInnen bieten sich Tests mit eigenständiger Durchführung als Einzel- oder Gruppentest an. Ebenso wichtig sind heterogene Klassentests mit unterschiedlichen Niveaustufen, um neben dem Durchschnitt auch SchülerInnen mit geringen oder höheren Kompetenzen zu messen. Sie ermöglichen bei nicht messbaren Lernzuwächsen im unteren oder im oberen Leistungsbereich den Wechsel in einen Test mit passender Niveaustufe.

2 **Erhebung der Baseline:** Die ersten Messergebnisse bilden die Baseline, in der die SchülerInnen am regulären Unterricht teilnehmen. In dieser Phase erhalten sie keine zusätzlichen Unterstützungsmaßnahmen. Eine stabile Baseline umfasst mindestens drei, besser aber sechs bis acht Messzeitpunkte. Die Messzeitpunkte der Baseline können allerdings nahe beieinander liegen (z. B. zwei Messungen innerhalb einer Woche), da das Lernwachstum ohne Förderung abgebildet wird.

3 **Feststellung des individuellen Förderbedarfs:** Die LVD misst vorrangig Lernverläufe quantitativ und stellt diese als Grafik dar. Dafür werden die einzelnen Messwerte in einem Lernverlaufsgraphen im zeitlichen Verlauf als Kurve verbunden. Anhand der Rohwerte können das Ausgangsniveau sowie die Steigung des Lernverlaufs der Baseline interpretiert werden. Die Interpretation erfolgt stets unter Einbezug von fachwissenschaftlichem und -didaktischem Wissen der gemessenen Kompetenz. Im sozialen Vergleich der SchülerInnen und unter Berücksichtigung des aktuellen Curriculums kann nun bestimmt werden, wer aktuell niedrige Werte an sich oder niedrige Lernzuwächse aufweist und ob die Adaptionen des aktuellen Unterrichts zu einer angemessenen Verbesserung des Lernens für eine Schülerin oder

einen Schüler geführt haben. Eine inhaltliche bzw. qualitative Analyse der bearbeiteten Aufgaben gibt zusätzliche Orientierung, welche fachlichen Adaptionen möglich sind, und wird von einigen Instrumenten der LVD standardmäßig angeboten.

4 **Planung von unterrichtlichen Adaptionen:** Adaptionen von Unterricht werden entweder gruppenweise oder im optimalen Fall individuell für jedes Kind entschieden. Im Mittelpunkt der Planung steht das Erreichen des definierten Lernziels für das Ende der Interventionsphase. Das Ziel kann als Messwert (z.B. Anzahl richtig gelöster Aufgaben pro Minute) oder als Steigung definiert werden. Neben dem regulären Unterricht sollten zusätzliche Förderungen und Adaptionen nacheinander und schrittweise eingeführt werden, damit Lernerfolge auf einzelne Interventionsschritte interpretiert werden. Hierbei gilt, dass erst mehrere Messungen eine reliable Interpretation erlauben. Wenn mehrere Adaptionen gleichzeitig umgesetzt werden, kann ein möglicher Lernerfolg nicht auf eine Maßnahme zurückgeführt werden.

5 **Interventionsphase:** SchülerInnen brauchen ausreichend Lern- und Übungszeit. Der Lernerfolg wird in der LVD erst dann sichtbar, wenn die Kompetenz sicher erworben wurde. Je stabiler die Kompetenz (z.B. Lesekompetenz) ist, desto mehr Übungszeit benötigen die SchülerInnen, bis gesteigerte Lernfortschritte sichtbar werden. In diesen Interventionsphasen bearbeiten die SchülerInnen weiter in regelmäßigen Abständen dieselben Lernverlaufstests aus der Baseline-Phase. Auch hier werden für einen reliablen Lernverlauf mindestens sechs bis acht Messzeitpunkte empfohlen. Wenn mehr Messzeitpunkte realisiert werden können, stärkt das die Aussagekraft des Lernverlaufs. Die schulinternen und -externen Lernbedingungen der SchülerInnen sollten während der Intervention dokumentiert werden, um zusätzliche Einflussvariablen auf den Lernverlauf aufzudecken.

6 **Evaluation der Adaptionen:** Mit Hilfe der Messergebnisse werden die Auswirkungen der Adaptionen auf den Lernfortschritt evaluiert. Sobald eine ausreichende Anzahl an Messungen vorliegt, können erneut die quantitativen und qualitativen Daten interpretiert werden. Ein Vergleich zwischen den Werten der Baseline- und der Interventionsphase spiegelt wider, ob und in welchem Umfang von der Adaption profitiert wurde. Blieb ein Lernzuwachs in einem ausreichend langen Übungszeitraum mit einem passenden Test aus, war die angewendete Fördermethode für dieses Kind unter den aktuellen Bedingungen mutmaßlich nicht effektiv. Wenn sonstige Störfaktoren (z.B. emotionale Belastungen, effektive Lernzeit in der Klasse) für das Lernen ausgeschlossen wurden, sollten Alternativen initiiert und erneut evaluiert werden. Erreicht das Kind das gesetzte Lernziel innerhalb der In-

terventionsphase, kann ein neues, höheres Ziel anhand der Messwerte definiert und entsprechende Förderungen initiiert werden.

9.2 Interpretation von Lernverlaufsdaten

Die Lernverlaufsgraphen sind ein zentrales Hilfsmittel bei der Nutzung der LVD im Unterricht. Die x-Achse bildet den zeitlichen Verlauf ab. Die einzelnen Messzeitpunkte sowie die Abstände der durchgeführten Messungen können hier abgelesen werden. Die Rohwerte des Lernverlaufstests (z.B. Anzahl der korrekt gelösten Aufgaben) werden auf der y-Achse eingetragen. Mehrere Messergebnisse werden mit einer Linie zu einer Lernverlaufskurve verbunden. In einem Lernverlaufsgraphen sind entweder der Lernverlauf eines einzelnen Kindes (Individualgraph) oder die Kurven von mehreren SchülerInnen (Klassengraph) abgebildet (Jungjohann et al. 2018c). Ein Klassengraph dient einem Vergleich der Lernentwicklungen mit einer sozialen Bezugsgruppe. Er kann auch dazu genutzt werden, systembedingte Störfaktoren (z.B. Wechsel der Lehrkraft, Feueralarm während der Messungen) in mehreren Verläufen zu erkennen. Als Interpretationshilfe können in die Graphen vertikale Striche zur Abgrenzung zwischen Baseline- und Interventionsphase, die erwartete Steigung des Lernverlaufs vor Förderbeginn als Zielpunkt oder -linie oder Informationen über unterrichtliche Maßnahmen eingezeichnet werden.

Die wichtigsten Interpretationswerte sind querschnittliche (Roh-)Werte des Tests und längsschnittliche Zuwachs- oder Steigungsraten. Der Rohwert entspricht der Anzahl der richtig gelösten Aufgaben und spiegelt das Kompetenzniveau innerhalb des gewählten Tests zu einem Zeitpunkt wider. Der erste Messzeitpunkt einer Baseline- oder Interventionsphase stellt das Ausgangsniveau dar und wird als Intercept nach der Interpretation als lineares Modell bezeichnet. Die Rohwerte mehrerer Messzeitpunkte werden mit Hilfe von Linien miteinander verbunden und häufig als lineare Steigung modelliert. Die einfachste Funktionsgleichung (Steigungsformel) ist $y=bx+a$, wobei a der Intercept und b der Steigungskoeffizient ist. Diese durchschnittliche Steigung kann für jede Baseline- oder Interventionsphase einzeln berechnet und als zusätzliche Linie in den Lernverlaufsgraphen als Trendlinie eingetragen werden. Der Steigungskoeffizient (b) drückt numerisch die Steigung der Trendlinie aus und ist ein Wert für den Lernfortschritt.

Die Trendlinie (Verbindung mehrerer Rohwerte) kann entweder positiv, stagnierend oder negativ sein. Übertragen auf die Lernentwicklung einer Schülerin oder eines Schülers zeigen diese Linien einen Lernfortschritt, eine Lernstagnation oder eine rückläufige Lernentwicklung.

Viele Instrumente bieten durch weitere Verrechnungen der Rohwerte zusätzliche Interpretationshilfen an (van den Bosch et al. 2017), wie beispielsweise die Lösungsgeschwindigkeit und –genauigkeit, welche meist gemeinsam interpretiert werden. Die Geschwindigkeit wird häufig über die Gesamtanzahl aller korrekt und falsch gelösten Aufgaben angegeben. Die Lösungsgenauigkeit (auch Lösungswahrscheinlichkeit) beschreibt das prozentuale Verhältnis zwischen korrekt und falsch gelösten Aufgaben und lässt einen Rückschluss auf die Arbeitsweise des Kindes zu: z.B. fehlerhaftes Arbeiten (geringe Lösungswahrscheinlichkeit) oder akribisch genaues und langsames Arbeiten (hohe Lösungswahrscheinlichkeit mit geringer Geschwindigkeit). Eine weitere Informationsquelle für aktuelle Lernhürden sind die Art der falsch bearbeiteten Aufgaben sowie die Antworten auf diese Aufgaben. Insbesondere bei Lernverlaufstests, die nach dem Curriculum-Sampling-Ansatz konstruiert sind, lassen sich aus einer Fehleranalyse der Antworten nächste Förderschritte ableiten.

Für die Interpretation eines Lernverlaufsgraphen und die Ableitung von unterrichtlichen Adaptionen bedürfen Lehrkräfte ausgeprägter diagnostischer und förderpädagogischer Kompetenzen. Nach Wagner et al. (2017) erfolgt die **Interpretation der Graphen in drei hierarchischen Schritten**.

1 Visuelle Mustererkennung: Lehrkräfte ermitteln wichtige Datenpunkte in einem Graphen und beschreiben den Verlauf. Dafür betrachten sie den gesamten Verlauf des Graphen im Längsschnitt und erkennen den Trend der Kurve.
2 Interpretativer Prozess: Hierbei verknüpfen Lehrkräfte allgemeines Graphen- und Inhaltswissen miteinander. Die Lehrkräfte setzen nun die numerischen Werte und Steigungen der Lernverläufe der SchülerInnen mit den fachlichen Fähigkeiten in einen Zusammenhang und verknüpfen beide.
3 Integrativer Prozess: Hier verknüpfen die Lehrkräfte den Lernverlauf und die konkreten Leistungen der SchülerInnen mit fachlichen Theorien der erhobenen Kompetenz. Die Lehrkräfte ziehen fachlich begründete Schlüsse über zukünftige Lernentwicklungen und Lernhürden und begründen unterrichtliche Adaptionen anhand wissenschaftlich fundierter Theorien.

Erste Studien untersuchen typische Fehlinterpretationen von Lehramtsstudierenden und Lehrkräften (Zeuch et al. 2017). Durch Fehlinterpretationen werden wichtige Informationen übersehen oder vernachlässigt. Dadurch fehlen diese

Grundlagen in der Förderplanung. Aus Fehlinterpretationen resultiert, dass der vorhergesagte Lernverlauf stark vom tatsächlichen Lernverlauf abweicht. Diese Abweichungen können die tatsächlichen Lernverläufe stark über- und unterschätzen. Es besteht die Gefahr, dass die Förderplanung nicht zu dem Lernverlauf der SchülerInnen und somit auch nicht zu ihren Lernbedürfnissen passt.

In der Studie von Klapproth (2018) wurden die Erwartungen über zukünftige Lernentwicklungen fiktiver SchülerInnen mit einer Graphenunterstützung abgefragt und mittels linearer Regressionen verglichen. Insgesamt wurden die Lernverläufe von den Teilnehmenden häufiger unterschätzt, als dass sie überschätzt wurden. Bereits in der ersten Stufe der visuellen Mustererkennung können Lehrkräfte sich zu intensiv auf einzelne, irrelevante Datenpunkte fokussieren. Einzelne Extremwerte beeinflussen die Vorhersage insofern, als die Leistungen der SchülerInnen schneller überschätzt werden. Lehrkräfte betrachten dann nicht den gesamten Verlauf, sondern begründen den zukünftigen Lernverlauf meist nur anhand des oder der letzten Messzeitpunkte. Dies wurde auch in der Studie von Klapproth (2018) beobachtet, da die Teilnehmenden weniger Wachstum erwarteten, wenn die letzten Messergebnisse im Vergleich zum Gesamttrend niedriger waren. Anders ausgedrückt bedeutet diese Beobachtung, dass Lernverläufe, die am Ende einer Messreihe besonders hohe Lernanstiege zeigen, in der Zukunft präziser vorhergesagt werden. Hingegen werden Lernverläufe, die am Ende der Messreihe geringer als im vorherigen Lernverlauf steigen, im zukünftigen Verlauf unterschätzt.

Fehlinterpretationen entstehen eher bei Lernverläufen mit extremen Einzelwerten, mit geringer Variabilität der Messwerte, mit geringen Steigungen über einen langen Zeitraum und einem negativen Trend am Ende der Messreihe. Optische Hilfsmittel unterstützen die Interpretation, verleiten aber zum Übersehen relevanter Informationen.

Neben einzelnen Werten kann auch der gesamte Verlauf die Einschätzung beeinflussen. Fehlinterpretationen sind stärker ausgeprägt, wenn ein Lernverlauf über viele Wochen hinweg insgesamt eine niedrige Steigung aufweist, als wenn der Verlauf über denselben Zeitraum stark ansteigt. Bei geringen Steigungen wird der zukünftige Lernverlauf eher unterschätzt. Einen ähnlichen Einfluss hat die Variabilität der Messergebnisse. Bei Lernverläufen mit einer hohen Variabilität der Messwerte, also mit großen Schwankungen zwischen den Werten, wird die zukünftige Steigung zuverlässiger vorhergesagt als bei Kurven mit eng beieinander liegenden Messwerten. Auch optische Hilfsmittel (z. B. eine

Trendlinie) können die Interpretation nachteilig beeinflussen. Manche Lehrkräfte fokussieren sich so stark auf diese Hilfsmittel, dass andere Aspekte vernachlässigt werden (Newell/Christ 2017).

9.3 Checkliste für den praktischen Einsatz der LVD in der Schule

Nachdem sich Lehrkräfte mit der Idee der LVD vertraut gemacht haben, können sie sich für den Einsatz in der Schule entscheiden. Eine solche Entscheidung wird im optimalen Fall im Team (z. B. Klassenleitungsteam, Jahrgangsteam oder gesamtes Kollegium) getroffen, um die regelmäßige Durchführung und die Akzeptanz der LVD langfristig zu sichern. Die folgende Checkliste gibt einen Überblick zu den notwendigen Schritten, um die Arbeit mit der LVD in der Schule zu verankern.

1. **Bildung einer LVD-Steuergruppe als Team und Einholung von Informationen über die LVD allgemein**
   Entsprechende Informationen stehen in den Manualen der LVD-Verfahren, im Internet auf den Homepages der Plattformen oder in Fachbüchern.
2. **Festlegung von Zielen, Wünschen und Anforderungen für die eigene Arbeit mit der LVD als Jahrgangsteam oder als Steuergruppe der Schule**
   Es sollten Mindeststandards dokumentiert werden, welche Ansprüche die LVD für einen erfolgreichen Nutzen mindestens erfüllen soll.
3. **Sichtung und Ausprobieren verschiedener Onlineplattformen und Testverfahren**
   Danach wird festgelegt, welche LVD zur eigenen Schule passt.
4. **Anschaffung des ausgewählten Verfahrens und Einrichten einer passenden Infrastruktur**
   Dazu zählt auch die Anschaffung von Geräten und Ausstattung, die die Durchführung einer digitalen LVD erleichtern (z.B. WLAN im Klassenzimmer, Tablets, gemeinsame Besprechungszeiten für die Ergebnisauswertung und -interpretation, Festlegung von freien Arbeitszeiten, in denen die Tests in der Klasse durchgeführt werden).
5. **Bestimmen einer Pilotklasse oder Pilotgruppe mit einzelnen wenigen SchülerInnen zum Kennenlernen der LVD im Schulalltag**
   Dabei werden Hürden und Schwierigkeiten dokumentiert. Anschließend werden diese im Team besprochen, um Barrieren für die Testungen abzubauen.

6 **Auswertung und Besprechung der Testergebnisse der Pilotgruppe im Team**
Didaktische Konsequenzen werden abgeleitet (Welche SchülerInnen erhalten weiterhin dieselbe Förderung? Welche SchülerInnen benötigen eine Anpassung der Förderung?).

7 **Gemeinsames Festlegen von Förderzielen für einzelne SchülerInnen**
Für die ersten Adaptionen sollten leichte und nicht aufwändige Förderungen ausgewählt werden, die während des Unterrichts gut umsetzbar sind. Zusätzlich werden der Förderzeitraum begrenzt (z.B. sechs Wochen) und die Anzahl der regelmäßigen Messungen mit der LVD vereinbart.

8 **Durchführung von Förderungen und begleitenden Messungen mit der LVD in der Pilotgruppe**
Die Förderungen können als Einzel- oder Gruppenförderung im Team besprochen werden, die Durchführung kann delegiert werden. Die Messung sollte durch mit LVD vertraute Personen erfolgen.

9 **Auswertung und Diskussion der Pilotphase in der Steuergruppe**
Welchen Nutzen hatte die LVD in diesem Fall konkret? Welche Schwierigkeiten sind aufgetreten? Entscheidungen über den zukünftigen Einsatz der LVD werden im Jahrgang bzw. in der Schule getroffen.

10 **Information der Eltern über die Funktion und den Einsatz der LVD**
In gemeinsamen Gesprächen wird die Idee der LVD anhand von Lernverlaufsgraphen erklären.

11 **Verbesserung der Strukturen der Klassen- und Förderräume**
Alle für den Unterricht genutzten Räume sollen so strukturiert werden, dass Barrieren möglichst abgebaut und LVD problemlos in den Unterricht integriert werden kann.

12 **Organisation von Fortbildungen für das Kollegium**
Die LVD Steuergruppe organsiert Informations- und Fortbildungstage zur Verknüpfung von Diagnostik und Förderung für das gesamte Kollegium. In dieser Zeit können Arbeitsabläufe und Verantwortlichkeiten festgelegt werden.

13 **Teambildung im Kollegium**
Für den Schulalltag werden feste Teams von Lehrkräften implementiert, welche ähnliche Vorstellungen von Unterricht, LVD und Förderung haben. Diese Teams entscheiden selbstständig, welche SchülerInnen mit der LVD arbeiten.

Weitere Informationen zur Umsetzung von LVD und RTI finden Sie in:

Kuhl, J. et al.. (2021). Evidenzbasierte Förderung bei Lernschwierigkeiten in der inklusiven Grundschule. Ernst Reinhardt, München

10 Mut zur LVD – Es lohnt sich!

In den vorliegenden Kapiteln wurde ein umfassender Einblick in die Idee der LVD gegeben. Mehrere Konzepte der LVD wurden vorgestellt und unterschiedliche Konstruktionen mit praktischen Beispielen aus den Lernbereichen Lesen, Rechtschreiben und Mathematik sowie der computergestützten LVD dargestellt. Das Team der AutorInnen möchte an dieser Stelle in aller Kürze den zu erwartenden Mehrwert durch den Einsatz der LVD im Unterricht aufzeigen und so zum Einsatz der LVD in der eigenen Unterrichtspraxis ermuntern.

Die LVD wurde für einen Einsatz im Unterrichtsalltag entwickelt, damit Lehrkräfte mit relativ geringem Aufwand die Lernentwicklungen der SchülerInnen kontinuierlich und systematisch beobachten sowie gezielt Fördermaterialien und -methoden auswählen können. Der Unterrichtsalltag ist mit zahlreichen Aufgaben verbunden und stellt dadurch sehr hohe Anforderungen an die Lehrkräfte. Neben den täglichen Unterrichtsvorbereitungen und Förderplanungen obliegt ihnen die fortlaufende Dokumentation, Rückmeldung an SchülerInnen und Eltern über Lernverläufe, Fortschritte und Übungsbereiche sowie die Kommunikation mit KollegInnen. Die heutzutage hohe Heterogenität in den Klassenverbänden sowie die Anforderungen, alle SchülerInnen bestmöglich zu unterstützen, erfordert ein erhebliches Maß an Differenzierung und Individualisierung. Lehrkräfte können auf ein breites Spektrum an spezifischen Unterstützungsangeboten zurückgreifen, wie beispielsweise ausgearbeitete Fördereinheiten von Verlagen, differenzierte Angebote in Internetportalen oder kollegiumsinterne Materialsammlungen. Allerdings kostet es zusätzliche Zeit, aus diesem umfangreichen Angebot die passenden Materialien für Lerngruppen oder einzelne SchülerInnen zu finden und fachlich begründet auszuwählen. Nun ist zu fragen, ob diese zusätzliche Zeit auch zu einer Verbesserung der Lernsituation und zum Lernerfolg geführt hat. Zur Absicherung von didaktischen Entscheidungen finden sich im Fundus der Schule aktuell nur wenige wissenschaftlich geprüfte statusdiagnostische Tests, deren Durchführung sehr aufwändig ist und die kaum Verbindungen zur tatsächlichen Förderung im Unterricht herstellen. Die LVD wird in wenigen Minuten während des Unterrichts durchgeführt und misst meist curriculumsnahe Kompetenzen. Als zusätzliches Angebot bieten manche LVD-Verfahren computergestützte Auswertungen und unterrichtsnahe Fördermöglichkeiten an, die in direkter Verbindung mit der

Konstruktion der LVD-Tests stehen. Insbesondere der Graph der LVD ermöglicht auch für die SchülerInnen und KollegInnen eine gute Visualisierung der Lernerfolge.

Im Prozess der Förderdiagnostik überwiegen die Vorteile der LVD und sie stellt für die Arbeit der Lehrkräfte eine zeitliche Entlastung dar, da je nach Einzelfall bestimmte Statusdiagnostiken und Evaluationen auch mit einer LVD abgedeckt werden können. Zwar ist auch vor der ersten Anwendung eine (zeit-)intensive Einarbeitung in die Idee der LVD und in ein konkretes Verfahren notwendig, so ermöglicht die LVD eine Unterrichts- und Förderplanung mit passgenauer Auswahl von Unterrichtsangeboten sowie die unmittelbare Evaluation. Die Ergebnisse der LVD zeigen der Lehrkraft „auf einen Blick", welche SchülerInnen die gewünschten Lernfortschritte vollziehen. Diese SchülerInnen können somit weiter mit den aktuellen Materialien arbeiten und Adaptionen sind für sie aktuell nicht notwendig. Außerdem können Lehrkräfte SchülerInnen sicher identifizieren, bei denen die Lernerfolge ausbleiben. Bei gravierenden, langanhaltenden Schwierigkeiten im Lernen ist häufig die Kernursache unbekannt und aufwändige Statustests, auch zur Überprüfung eines möglichen sonderpädagogischen Unterstützungsbedarfes, werden unumgänglich. Damit gehen mehr Absprachen und Termine mit sonderpädagogischen Lehrkräften, Schulpsychologen und den Eltern einher. Die LVD ermöglicht eine intensive frühzeitige Förderung bei aufkommenden Lernschwierigkeiten mit zeitlich, personell und materiell überschaubaren Ressourcen. Bestenfalls kann durch eine frühzeitige Förderung eine Manifestierung der Lernschwierigkeiten verhindert werden.

Die Ergebnisse der LVD sind neben den oben beschriebenen Prozessen vielfältig für alle SchülerInnen in inklusiven Klassen einsetzbar. Lehrkräfte nutzen auch aktuell die Lernentwicklungen bei der Formulierung von Berichtszeugnissen in der Schuleingangsphase und für SchülerInnen mit sonderpädagogischem Förderbedarf. Mit Hilfe der LVD können sie diese Formulierungen konkreter ausdifferenzieren und mit Graphen verdeutlichen. Die Ergebnisse der LVD bündeln Informationen über einen langen Zeitraum und bilden Lernfortschritte, Stagnation oder Rückschritte im Zeitablauf des Schuljahres ab. Hierdurch wird eine zeitliche Einordnung und Interpretation im Zusammenhang mit besonderen schulischen oder individuellen (persönlichen) Ereignissen möglich. Sonderpädagogische Lehrkräfte nutzen die Ergebnisse zur Überprüfung und Fort- bzw. Neuschreibung von Förderplänen. Weiterhin dienen die Lernverlaufsgraphen als konkrete Anschauung in Gesprächen mit SchülerInnen, Eltern und KollegInnen.

Der langfristige Einsatz einer LVD bietet vor allem für die SchülerInnen einen erheblichen Vorteil. Mehrere Schulstudien wiesen nach, dass SchülerInnen in Klassen mit regelmäßiger Nutzung der LVD größere Lernfortschritte entwickelten als in den Kontrollklassen ohne LVD. Auch die Erfahrungen aus der Praxis zeigen, dass durch den Einsatz der LVD die Lernbedürfnisse von SchülerInnen frühzeitig wahrgenommen werden. Die SchülerInnen lernen durch passende Angebote motivierter und erhalten direkte Rückmeldungen, ob sich ihre Anstrengungen lohnen. Dies Rückmeldungen können insbesondere für Ziel- und Reflexionsgespräche mit den SchülerInnen gut genutzt werden, um bestehende Lernziele aufzuzeigen oder das Erreichen eines Lernziels zu dokumentieren. Besonders digitale Verfahren motivieren die SchülerInnen jeden Alters sehr, sodass ihnen die Bearbeitung der Aufgaben Spaß macht. Die kurze Testzeit trägt nach einer Gewöhnungsphase dazu bei, dass SchülerInnen die Tests selbstständig und gerne bearbeiten, ohne neben Klassenarbeiten zusätzlichen Leistungsdruck zu empfinden.

Es gehört Mut dazu, sich in die LVD einzuarbeiten und sie in den eigenen Unterrichtsalltag zu integrieren. Es gehört viel Einsatz dazu, sich auf das Lernen und die Kompetenzentwicklung der eigenen SchülerInnen zu fokussieren. Insbesondere die Förderung der Kulturtechniken darf kein Randthema sein, da sie Kern und Professionalität einer jeden Schule ist. Es gehört Entschlossenheit dazu, sich in innovative Ansätze einzudenken und Lernprozesse neu zu gestalten. Da bisher auf politischer Ebene keine rechtskräftige Verankerung zum Einsatz der LVD im Unterricht existiert, mangelt es noch an verbindlicher Umsetzung im Kollegium sowie an Unterstützungsangeboten für die Lehrkräfte (z. B. in Form von Fortbildungen). Der Rückhalt von Schulleitungen sowie von erfahrenen KollegInnen, die von positiven Effekten und Erfahrungen berichten können, ist noch nicht überall gegeben. Aktuell betonen die wissenschaftliche Forschung und Gesetzestexte (z. B. KMK 2019) den Bedarf und den Nutzen an prozessbegleitender Diagnostik für eine gute schulische Ausbildung. Die LVD ist ein Umsetzungsbeispiel, welches ein Repertoire anbietet, mit dem sich bereits morgen innovative Lehrkräfte auf den Weg machen können.

Seien Sie mutig, investieren Sie etwas Zeit in die Einarbeitung, erleichtern und bereichern Sie Ihren Unterricht und die Förderung Ihrer SchülerInnen.

Wir wünschen Ihnen viel Erfolg!

Literatur

Amato, J.M., Watkins, M.W. (2011): The Predictive Validity of CBM Writing Indices for Eighth-Grade Students. The Journal of Special Education, 44 (4), 195–204

American Educational Research Association, American Psychological Association, National Council on Measurement in Education (AERA, APA, NCME) (2014): Standards for Educational and Psychological Testing. American Educational Research Association, Washington DC

Anderson, D., Kahn, J, Tindal, G. (2017): Exploring the Robustness of a Unidimensional Item Response Theory Model with Empirically Multidimensional Data. Applied Measurement in Education, 30, 163–177

Anderson, S., Jungjohann, J., Gebhardt, M. (2021): Levumi und Fredro auf Schatzsuche. Leseabenteuer 4. Adaptive Leseförderung. Universität Regensburg

Anderson, S., Jungjohann, J., Gebhardt, M. (2020a): Effects of Using Curriculum-Based Measurement (CBM) for Progress Monitoring in Reading and an Additive Reading Instruction in Second Classes. Zeitschrift für Grundschulforschung, 51 (1), 1

Anderson, S., Schurig, M., DeVries, J.M., Gebhardt, M. (2020b): Missing Numbers Progress Monitoring Test Level 5a. A Mathematics Curriculum-Based Measurement (CBM) on the Online Platform www.levumi.de In: www.dx.doi.org/10.17877/DE290R-20464, 27.03.2021

Anderson, S., Sommerhoff, D., Schurig, M., Ufer, S., Gebhardt, M. (in Begutachtung): Developing Learning Progress Monitoring Tests Using Difficulty-Generating Item Characteristics: An Example for Basic Arithmetic Operations in Primary Schools

Ardoin, S.P., Christ, T.J., Morena, L.S., Cormier, D.C., Klingbeil, D.A. (2013): A Systematic Review and Summarization of the Recommendations and Research Surrounding Curriculum-Based Measurement of Oral Reading Fluency (CBM-R) Decision Rules. Journal of School Psychology 51 (1), 1–18

Ardoin, S.P., Witt, J.C., Suldo, S.M., Connell, J.E., Koenig, J.L., Resetar, J.L. et al. (2004): Examining the Incremental Benefits of Administering a Maze and three versus one Curriculum-Based Measurement Reading Probes when Conducting Universal Screening. School Psychology Review 33 (2), 218–233

Balt, M., Fritz, A., Ehlert, A. (2020): Insights Into First Grade Students' Development of Conceptual Numerical Understanding as Drawn from Progression-Based Assessments. In: https://www.frontiersin.org/articles/10.3389/feduc.2020.00080/full, 19.04.2021

Balt, M., Ehlert, A., Fritz-Stratmann, A. (2017): Lernverlaufsdiagnostik im mathematischen Anfangsunterricht. In: Kortenkamp, U., Kuzle, A. (Hrsg.): Beiträge zum Mathematikunterricht 2017. WTM-Verlag, Münster

Beckstein, G., Sroka, S. (2019): Wo du gerade da bist, – ich hätte da ein Kind ... Ein Erfahrungsbericht. MSD Sprache, Lernen, emotional-soziale Entwicklung. Spuren – Sonderpädagogik in Bayern (1), 12–19

Biancarosa, G., Cummings, K.D. (2015): New Metrics, Measures, and Uses for Fluency Data: An Introduction to a Special Issue on the Assessment of Reading Fluency. Reading and Writing, 28 (1), 1–7

Birnbaum, A. (1968): Some Latent Trait Models and Their Use in Inferring an Examinee's Ability. In: Lord, F.M., Novick M.R. (Hrsg.): Statistical Theories of Mental Test Scores. Reading, Addison-Wesley, 395–479

Björn, P.M., Aro, M.T., Koponen, T.K., Fuchs, L.S., Fuchs, D. (2018): Response-to-Intervention in Finland and the United States: Mathematics Learning Support as an Example. Frontiers in Psychology 9 (800), 1–10

Björn, P.M., Aro, M.T., Koponen, T.K., Fuchs, L.S. u. D. (2016): The Many Faces of Special Education within RTI Frameworks in the United States and Finland. Learning Disability Quarterly 39 (1), 58–66

Blatt, I., Frahm, S., Prosch, A., Jarsinski, S., Voss, A. (2015): Kompetenzmodellierung im Kontext des Nationalen Bildungspanels (National Educational Panel Study) am Beispiel der Rechtschreibkompetenz. In: Riegel, U., Schubert, S., Siebert-Ott, G., Macha, K. (Hrsg.): Kompetenzmodellierung und Kompetenzmessung in den Fachdidaktiken. Waxmann, Münster, 43–60

Blatt, I., Prosch, A., Frahm, S. (2016): Erfassung der Rechtschreibkompetenz in der Rechtschreibstudie „Nationales Bildungspanel". Studiendesign und Ergebnisse. In: Mesch, B., Noack, C. (Hrsg.): System, Norm und Gebrauch – drei Seiten derselben Medaille? Orthographische Kompetenz und Performanz im Spannungsfeld zwischen System, Norm und Empirie. Schneider, Baltmannsweiler/Hohengehren, 53–72

Blatt, I., Voss, A., Kowalski, K., Jarsinski, S. (2011): Messung von Rechtschreibleistung und empirische Kompetenzmodellierung. In: Bredel, U., Reißig, T., Ulrich, W. (Hrsg.): Weiterführender Orthographieunterricht. Deutschunterricht in Therapie und Praxis 5. Schneider Verlag, Baltmannsweiler/Hohengehren, 226–255

Blumenthal, Y. (2017): Ein Rahmenkonzept mit mehreren Förderebenen – Response to Intervention (RTI). In: Hartke, B. (Hrsg.): Handlungsmöglichkeiten Inklusion. Das Rügener Modell. Kohlhammer, Stuttgart, 20–32

Blumenthal, Y., Kuhlmann, K., Hartke, B. (2014): Diagnostik und Prävention von Lernschwierigkeiten im Aptitude Treatment Interaction- (ATI-) und Response to Intervention- (RTI-) Ansatz. In: Hasselhorn, M., Schneider, W., Trautwein, U. (Hrsg.): Formative Leistungsdiagnostik (Tests und Trends Bd. 12). Hogrefe, Göttingen, 61–81

Bollen, K.A. (2002): Latent Variables in Psychology and the Social Sciences. Annual Review of Psychology, 53, 605–634

Börnert, M. (2014): Lernverlaufsdiagnostik. Definition, Einsatzbereiche und Perspektiven für die pädagogische Praxis. Potsdamer Zentrum für empirische Inklusionsforschung (ZEIF) (2), 1–8

Breitenbach, E. (2019): Diagnostik. Eine Einführung. Springer VS, Wiesbaden

Brickenkamp, R., Schmidt-Atzert, L., Liepmann, D. (2010): d2-R. Test d2 – Revision. Hogrefe, Göttingen

Brown, T.A. (2015): Confirmatory Factor Analysis for Applied Research. Methodology in the Social Sciences. Guilford Press, New York

Buchner, T., Gebhardt, M. (2011): Zur schulischen Integration in Österreich – historische Entwicklung, Forschung und Status Quo. In: Zeitschrift für Heilpädagogik 62 (8), 298–304

Bundschuh, K., Winkler, C. (2014): Einführung in die sonderpädagogische Diagnostik. Ernst Reinhardt, München

Casale, G., Huber, C., Hennemann, T., Grosche, M. (2019): Direkte Verhaltensbeurteilung in der Schule. Eine Einführung für die Praxis. Ernst Reinhardt, München

Chafouleas, S.M., Riley-Tillman, T.C., Christ, T.J. (2009): Direct Behavior Rating (DBR): An Emerging Method for Assessing Social Behavior within a Tiered Intervention System. Assessment for Effective Intervention, 34 (4), 195–200

Christ, T.J., Scullin, S., Tolbize, A., Jiban, C.L. (2008): Implications of Recent Research: Curriculum-Based Measurement of Math Computation. Assessment for Effective Intervention 33 (4), 198–205

Christ, T.J., Zopluoglu, C., Monaghen, B.D., van Norman, E.R. (2013): Curriculum-Based Measurement of Oral Reading: Multi-Study Evaluation of Schedule, Duration, and Dataset Quality on Progress Monitoring Outcomes. Journal of School Psychology, 51 (1), 19–57

Deno, S.L. (2003a): Curriculum-based Measures: Development and perspectives. Assessment for Effective Intervention 28 (3–4), 3–12

Deno, S.L. (2003b): Developments in Curriculum-Based Measurement. Journal of Special Education 37 (3), 184–192

Deno, S.L. (1985): Curriculum-Based Measurement: The Emerging Alternative. Exceptional Children 52 (3), 219–232

Deno, S.L., Maruyama, G., Espin, C.A., & Cohen, C. (1989). The Basic Academic Skills Samples (BASS). University of Minnesota, Minneapolis

Deno, S., Marston, D., Mirkin, P., Lowry, L., Sindelar, P., Jenkins, J. (1982a): The Use of Standard Tasks to Measure Achievement in Reading, Spelling, and Written Expression: A Normative and Developmental Study (Vol. IRLDRR 87). Institute for Research on Learning Disabilities, University of Minnesota

Deno, S.L., Mirkin, P.K., Chiang, B. (1982b): Identifying Valid Measures of Reading. Exceptional Children 49 (1), 36–45

Deno, S.L., Mirkin, P., Marston, D. (1980): Relationships among Simple Measures of Written Expression and Performance on Standardized Achievement Tests (Vol. IRLD-RR-22). Institute for Research on Learning Disabilities, University of Minnesota

Diehl, K. (2010): Lesenlernen unter erschwerten Bedingungen im Anfangsunterricht – Leselehrwerke im Vergleich. In: Zeitschrift für Heilpädagogik 61 (3), 109–117

Diehl, K., Hartke, B. (2012): Inventar zur Erfassung der Lesekompetenz im 1. Schuljahr. Hogrefe Verlag, Göttingen

Diehl, K., Hartke, B. (2011): Zur Reliabilität des formativen Bewertungssystems IEL-1. Inventar zur Erfassung der Lesekompetenz von Erstklässlern. In: Empirische Sonderpädagogik 3 (2011) 2, 121–146

Diehl, K., Hartke, B. (2007): Curriculumnahe Lernfortschrittsmessungen. Sonderpädagogik 37, 195–211

Dietze, T. (2019): Die Entwicklung des Sonderschulwesens in den westdeutschen Ländern. Empfehlungen und Organisationsbedingungen. Klinkhardt, Bad Heilbrunn

Dummer-Smoch, L., Hackethal, R. (2016). Kieler Leseaufbau. Handbuch und Übungsmaterialien: Ausgabe C, Druckschrift (9. Aufl.). Veris-Verlag, Kiel

Embretson, S.E., Reise, S.P. (2000): Item Response Theory for Psychologists. In: Multivariate Applications Books Series Bd. 4. Mahwah, NJ, Erlbaum Espin, C.A., Weissenburger, J.W., Benson, B.J. (2004). Assessing the Writing Performance of Students in Special Education. Exceptionality, 12 (1), 55–66

Espin, C.A., Wayman, M.M., Deno, S.L., McMaster, K.L., de Rooij, M. (2017): Data-Based Decision-Making. Developing a Method for Capturing Teachers' Understanding of CBM Graphs. Learning Disabilities Research & Practice 32 (1), 8–21

Espin, C.A., Weissenburger, J.W., Benson, B.J. (2004): Assessing the Writing Performance of Students in Special Education. Exceptionality, 12(1), 55–66

Fischer, G.H. (1995): The Linear Logistic Test Model. In: Fischer, G.H., Molenaar, I.W. (Hrsg.): Rasch Models: Foundations, Recent Developments, and Applications. Springer, New York, 131–155

Fischer G.H. (1973): The Linear Logistic Test Model as an Instrument in Educational Research. Acta Psychologica, 37, 359–374

Fischer, U., Roesch, S., Moeller, K. (2017): Diagnostik und Förderung bei Rechenschwäche: Messen wir, was wir fördern wollen? Lernen und Lernstörungen 6, 25–38

Fisseni, H.-J. (2004): Lehrbuch der psychologischen Diagnostik. Hogrefe, Göttingen

Foegen, A., Jiban, C., Deno, S. (2007): Progress Monitoring Measures in Mathematics: A Review of the Literature. The Journal of Special Education, 41 (2), 121–139

Förster, N., Kuhn, Jörg. J.-T., Souvignier, E. (2017): Normierung von Verfahren zur Lernverlaufsdiagnostik. Empirische Sonderpädagogik 9 (2), 116–122

Fritz, A., Ehlert, A., Balzer, L. (2013): Development of Mathematical Concepts as Basis for an Elaborated Mathematical Understanding. South African Journal of Childhood Education, 3 (1), 38–67

Fuchs, D., Fuchs, L. S. (2006): Introduction to Response to Intervention: What, why and how valid is it? Reading Research Quarterly 41 (1), 93–99

Fuchs, L. S. (2004): The Past, Present and Future of Curriculum-Based Measurement Research. School psychology review 33 (2), 188–192

Fuchs, L. S. (1988): Effects of Computer-Managed Instruction on Teachers' Implementation of Systematic Monitoring Programs and Achievement. The Journal of Educational Research 81 (5), 294–304

Fuchs, L. S., Deno, S. L. (1991): Effects of Curriculum within Curriculum-Based Measurement. Exceptional Children 58 (3), 232–243

Fuchs, L. S., Deno, S. L., Marston, D. (1983): Improving the Reliability of Curriculum-Based Measures of Academic Skills for Psychoeducational Decision Making. Diagnostique 8 (3), 135–149

Fuchs, L. S., Fuchs, D., Hosp, M. K., Jenkins, J. R. (2001): Oral Reading Fluency as an Indicator of Reading Competence: A Theoretical, Empirical, and Historical Analysis. Scientific Studies of Reading 5(3), 239–256

Fuchs, L. S., Fuchs, D. (1992): Identifying a Measure for Monitoring Student Reading Progress. School Psychology Review, 21 (1), 45–58

Fuchs, L. S., Fuchs, D., Hamlett, C. L., Phillips, N. B., Bentz, J. L. (1994): Classwide Curriculum-Based Measurement: Helping General Educators Meet the Challenge of Student Diversity. Exceptional Children 60 (6), 518–537

Fuchs, L. S., Fuchs, D., Hamlett, C. L., Stecker, P. M. (1990): The Role of Skills Analysis in Curriculum-Based Measurement in Math. School Psychology Review 19 (1), 6–22

Fuchs, L. S., Fuchs, D., Hamlett, C. L. (1989): Monitoring Reading Growth Using Student Recalls. Journal of Educational Research 83 (2), 103–110

Gebhardt, M. (2015): Gemeinsamer Unterricht von Schülerinnen und Schülern mit und ohne sonderpädagogischen Förderbedarf. Ein empirischer Überblick. In: Kiel, H. (Hrsg.), Inklusion im Sekundarbereich (Inklusion in Schule und Gesellschaft Bd. 2). Kohlhammer, Stuttgart, 39–52

Gebhardt, M., DeVries, J. M., Jungjohann, J., Casale, G., Gegenfurtner, A., Kuhn, J.-T. (2019): Measurement Invariance of a Direct Behavior Rating Multi Item Scale across Occasions. Social Sciences 8 (2), 46

Gebhardt, M., Diehl, K., Mühling, A. (2016): Online Lernverlaufsmessung für alle SchülerInnen in inklusiven Klassen. www.levumi.de. Zeitschrift für Heilpädagogik 67 (10), 444–454

Gebhardt, M., Heine, J.-H., Sälzer, C. (2015a): Schulische Kompetenzen von Schülerinnen und Schülern ohne sonderpädagogischen Förderbedarf im gemeinsamen Unterricht. Vierteljahresschrift für Heilpädagogik und ihre Nachbargebiete 84 (3), 246–258

Gebhardt, M., Heine, J-H., Zeuch, N., Förster, N. (2015b): Lernverlaufsdiagnostik im Mathematikunterricht der zweiten Klasse. Raschanalysen zur Adaptation eines Testverfahrens für den Einsatz in inklusiven Klassen. Empirische Sonderpädagogik (3),

206 – 222. In: www.psychologie-aktuell.com/fileadmin/download/esp/3-2015_20150904/esp_3-2015_206-222.pdf, 27.03.2021

Gebhardt, M., Jungjohann, J. (2020a). Analyse der Lernausgangslage und der Lernentwicklung – Prozesse der Förderdiagnostik. In: Heimlich, U., Wember, F. (Hrsg.): Didaktik des Unterrichts bei Lernschwierigkeiten. Ein Handbuch für Studium und Praxis. Kohlhammer, Stuttgart, 367 – 380

Gebhardt, M., Jungjohann, J. (2020b): Digitale Unterstützung bei der Dokumentation von Verhaltens- und Leistungsbeurteilungen. In: Meyer, B., Tretter, T., Englisch, U. (Hrsg.): Praxisleitfaden auffällige Schüler und Schülerinnen. Beltz, Weinheim / Basel, 41 – 50

Gebhardt, M., Schwab, S., Krammer, M., Gegenfurtner, A. (2015c). General and Special Education Teachers' Perceptions of Teamwork in Inclusive Classrooms at Elementary and Secondary Schools. Journal for Educational Research Online 7 (2), 129 – 146. In: www.j-e-r-o.com/index.php/jero/article/viewFile/570/244, 27.03.2021

Graham, S. (1990): The Role of Production Factors in Learning Disabled Students' Compositions. Journal of Educational Psychology, 82 (4), 781 – 791

Graney, S. B., Martinez, R. S., Missall, K. N., Aricak, O. T. (2010): Universal Screening of Reading in Late Elementary School. Remedial and Special Education, 31(5), 368 – 377

Hale, A. D., Hawkins, R. O., Sheeley, W., Reynolds, J. R., Jenkins, S., Schmitt, A. J. et al. (2011): An Investigation of Silent Versus aloud reading comprehension of Elementary Students Using Maze Assessment Procedures. Psychology in the Schools, 48 (1), 4 – 13

Hartke, B. (Hrsg.) (2017): Handlungsmöglichkeiten Inklusion: Das Rügener Inklusionsmodell. Kohlhammer, Stuttgart

Hasselhorn, M., Schneider, W., Trautwein, U. (Hrsg.) (2014): Lernverlaufsdiagnostik (Tests und Trends in der pädagogisch-psychologischen Diagnostik Band 12). Hogrefe, Göttingen

Heimlich, U., Wilfert, K., Ostertag, C., Gebhardt, M. (2018): Qualitätsskala zur inklusiven Schulentwicklung (Qu!S). Eine Arbeitshilfe auf dem Weg zur inklusiven Schule. Klinkhardt, Heilbronn

Heimlich, U., Lotter, M., März, M. (2005): Diagnose und Förderung im Förderschwerpunkt Lernen. Auer, Donauwörth

Hinz, A. (2002): Von der Integration zur Inklusion – terminologisches Spiel oder konzeptionelle Weiterentwicklung? Zeitschrift für Heilpädagogik 53 (9), 354 – 361

Holling, H., Bertling, J. P., Zeuch, N. (2009): Automatic Item Generation of Probability Word Problems. Studies in Educational Evaluation, 35, 71 – 76

Hoffman-Lach, R. N. (2013): Developing Progress Monitoring Measures in Algebra Using Item Response Theory. Unpublished Doctor of Philosophy Dissertation, University of Houston. In: www.uh-ir.tdl.org/uh-ir/bitstream/handle/10657/1071/HoffmanLachDissertation-blanksignature.pdf?sequence=2&isAllowed=y, 27.03.2021

Hopster-den Otter, D., Wools, S., Eggen, T. J., Veldkamp, B. P. (2017): Formative Use of Test Results: A User's Perspective. Studies in Educational Evaluation, 52, 12 – 23

Hosp, M. K. u. J. L., Howell, K. W. (2007): The ABCs of CBM: A Practical Guide to Curriculum-Based Measurement. Guilford Publications, New York

Huber, C., Grosche, M. (2012): Das Response-to-Intervention-Modell als Grundlage für einen inklusiven Paradigmenwechsel in der Sonderpädagogik. Zeitschrift für Heilpädagogik 63 (8), 312 – 322

Huber, C., Rietz, C. (2015): Direct Behavior Rating (DBR) als Methode zur Verhaltensverlaufsdiagnostik in der Schule: Ein systematisches Review von Methodenstudien – In: Empirische Sonderpädagogik 7 (2), 75 – 98

Hußmann, A., Wendt, H., Bos, W., Bremerich-Vos, A., Kasper, D., Lankes, E.-M., McElvany, N., Stubbe, T. C., Valtin, R. (Hrsg.) (2017): IGLU 2016. Lesekompetenzen von Grundschulkindern in Deutschland im internationalen Vergleich. Waxmann, Münster / New York

January, S.-A. A., Ardoin, S. P. (2012): The Impact of Context and Word Type on Students' Maze Task Accuracy. School Psychology Review, 41 (3), 262–271

Jenkins, J. R., Jewell, M. (1992): An Examination of the Concurrent Validity of the Basic Academic Skills Samples (BASS). Diagnostique 17 (4), 273–288

Jewell, J., Malecki, C. K. (2005): The Utility of CBM Written Language Indices: An Investigation of Production-Dependent, Production-Independent, and Accurate-Production Scores. School Psychology Review, 34 (1), 27–44

Jung, P.-G., McMaster, K. L., Kunkel, A. K., Shin, J., Stecker, P. M. (2018): Effects of Data-Based Individualization for Students with Intensive Learning Needs. A Meta-Analysis. Learning Disabilities Research & Practice, 33 (3), 144–155

Jungjohann, J., Anderson, S., Schurig, M. & Gebhardt, M. (2021). Adaptiven Unterricht mit und durch Lernverlaufsdiagnostik gestalten. In Böhme, N., Dreer, B., Hahn, H., Heinecke, S., Mannhaupt, G. & Tänzer, S. (Hrsg.), Mythen, Widersprüche und Gewissheiten der Grundschulforschung (S. 329–335). Wiesbaden: Springer Fachmedien Wiesbaden. https://doi.org/10.1007/978-3-658-31737-9_37

Jungjohann, J., Anderson, S., Gebhardt, M. (2021a): Levumi und Draunidra auf der Suche nach Goldstaub. Leseabenteuer 2. Adaptive Leseförderung. Universität Regensburg. In: www.doi.org/10.5283/epub.44377, 25.03.2021

Jungjohann, J., Anderson, S., Gebhardt, M. (2021b): Levumi und Trikla im Dschungel. Leseabenteuer 3. Adaptive Leseförderung. Universität Regensburg. In: www.doi.org/10.5283/epub.44378, 27.03.2021

Jungjohann, J., Anderson, S., Gebhardt, M. (2020a): Adaptive Leseförderung zur Steigerung der Leseflüssigkeit und des basalen Leseverständnisses „Levumis Leseabenteuer". Technische Universität, Dortmund. In: www.dx.doi.org/10.17877/DE290R-20992, 27.03.2021

Jungjohann, J., Anderson, S., Gebhardt, M. (2020b): Levumi, Malini und das verhexte Dorf. Leseabenteuer 1. Adaptive Leseförderung. Technische Universität, Dortmund. In: www.dx.doi.org/10.17877/DE290R-21000, 27.03.2021

Jungjohann, J., DeVries, J. M., Gebhardt, M., Mühling, A. (2018a): Levumi: A Web-Based Curriculum-Based Measurement to Monitor Learning Progress in Inclusive Classrooms. In: Miesenberger, K., Kouroupetroglou, G., Penaz, P. (Hrsg.): Computers Helping People with Special Needs. 16th International Conference, ICCHP 2018, Linz, Austria. Springer, Wiesbaden, 369–378

Jungjohann, J., DeVries, J. M., Mühling, A., Gebhardt, M. (2018b): Using Theory-Based Test Construction to Develop a New Curriculum-Based Measurement for Sentence Reading Comprehension. Frontiers in Education, 3, 1

Jungjohann, J., Diehl, K., Gebhardt, M. (2019a): SiL-Levumi. Tests der Leseflüssigkeit zur Lernverlaufsdiagnostik – „Silben lesen" der Onlineplattform www.levumi.de. Leibniz-Zentrum für Psychologische Information und Dokumentation (ZPID) (Hrsg.): Elektronisches Testarchiv. ZPID, Trier

Jungjohann, J., Diehl, K., Mühling, A., Gebhardt, M. (2018c): Graphen der Lernverlaufsdiagnostik interpretieren und anwenden – Leseförderung mit der Onlineverlaufsmessung Levumi. Forschung Sprache 6 (2), 84–91

Jungjohann, J., Gebhardt, M. (2019): SinnL-Levumi. Tests zum sinnkonstruierenden Satzlesen als Lernverlaufsdiagnostik – „Sinnkonstruierendes Satzlesen" der Onlineplattform www.levumi.de. Leibniz-Zentrum für Psychologische Information und Dokumentation (ZPID) (Hrsg.): Elektronisches Testarchiv. ZPID, Trier

Jungjohann, J., Gebhardt, M. (2018): Lernverlaufsdiagnostik im inklusiven Anfangsunterricht Lesen – Verschränkung von Lernverlaufsdiagnostik, Förderplanung und Wochenplanarbeit. In: Hellmich, F., Görel, G., Löper, M. F. (Hrsg.): Inklusive Schul- und Unterrichtsentwicklung. Kohlhammer, Stuttgart, 160–172

Jungjohann, J., Gebhardt, M., Diehl, K., Mühling, A. (2017): Förderansätze im Lesen mit LEVUMI. In: http://dx.doi.org/10.17877/DE290R-18042, 25.03.2021

Jungjohann, J., Gegenfurtner, A., Gebhardt, M. (2018d): Systematisches Review von Lernverlaufsmessung im Bereich der frühen Leseflüssigkeit. Empirische Sonderpädagogik 10 (1), 100–118

Jungjohann, J., Mau, L., Diehl, K., Gebhardt, M. (2019b). Levumi: Handbuch für Lehrkräfte Deutsch. Technische Universität Dortmund. In: www.doi.org/10.17877/DE290R-19921, 27.03.2021

Jungjohann, J., Schurig, M., Gebhardt, M. (2021c): Pilotierung von Leseflüssigkeits- und Leseverständnistests zur Entwicklung von Instrumenten der Lernverlaufsdiagnostik. Ergebnisse einer Längsschnittstudie in der 3ten und 4ten Jahrgangsstufe. Vierteljahreszeitschrift für Heilpädagogik und ihre Nachbargebiete plus, 90 In: https://doi.org/10.2378/vhn2021.art12d

Jürgens, E., Lissmann, U. (2015): Pädagogische Diagnostik. Grundlagen und Methoden der Leistungsbeurteilung in der Schule. Beltz, Weinheim/Basel

Kannengieser, S. (2019): Sprachentwicklungsstörungen. Grundlagen, Diagnostik und Therapie. 4. Aufl. Elsevier, München

Kazdin, A.E. (2011): Single-Case Research Designs: Methods for Clinical and Applied Settings. 2. Aufl. Oxford University Press, Oxford

Klapproth, F. (2018): Biased Predictions of Students' Future Achievement: An Experimental Study on Pre-Service Teachers' Interpretation of Curriculum-Based Measurement Graphs. Studies in Educational Evaluation, 59, 67–75

Klauer, K.J. (2014): Formative Leistungsdiagnostik. Historischer Hintergrund und Weiterentwicklung zur Lernverlaufsdiagnostik. In: Hasselhorn, M., Schneider, W., Trautwein, U. (Hrsg.): Lernverlaufsdiagnostik. Hogrefe, Göttingen, 1–17

Klauer, K.J. (2011): Lernverlaufsdiagnostik – Konzept, Schwierigkeiten und Möglichkeiten. Empirische Sonderpädagogik 3, 207–224

Klauer, K.J. (2006): Erfassung des Lernfortschritts durch curriculumbasierte Messung. Heilpädagogische Forschung 1, 16–26

Klauer, K.J. (1994): Diagnose- und Förderblätter. Rechenfertigkeiten im 4. Schuljahr. Cornelsen, Berlin

Knopp, E., Hartke, B. (2010): Das Inventar Rechenfische – Anwendung, Reliabilität und Validität eines Verfahrens zur Erfassung des Leistungsstandes von Erstklässlern in Mathematik. Empirische Sonderpädagogik, 2 (3), 5–25

Kornmann, R. (2007): Gutachten als Grundlage von Förderplänen. In: Mutzeck, W. (Hrsg.): Förderplanung. Grundlagen – Methoden – Alternativen. Beltz, Weinheim, 45–54

Käter, C. u. T., Martenstein, R., Hillenbrand, C. (2016): Leitfadengestützte Konstruktion eines Instruments der Lernverlaufsdiagnostik (CBM) im Bereich Lesen. Zeitschrift für Heilpädagogik 66, 168–179

Krantz, D.H., Luce, R.D., Suppes, P., Tversky, A. (2007): Additive and Polynomial Representations. Foundations of Measurement Vol. 1. Dover Publishing, Mineola, NY

Kubinger, K.D. (2019): Psychologische Diagnostik: Theorie und Praxis psychologischen Diagnostizierens. 3. Aufl. Hogrefe, Göttingen

Kubinger, K.D., Jäger, M. (2003): Schlüsselbegriffe der psychologischen Diagnostik. Handbuch. Beltz, Weinheim

Kuhl, J., Hecht, T. (2014): Prävention von Lernschwierigkeiten durch die Implementierung von Diagnostik und Förderung – ein Praxisbeispiel für das erste Schuljahr. Zeitschrift für Heilpädagogik 65 (11), 406–415

Kultusministerkonferenz (2019): Empfehlungen zur schulischen Bildung, Beratung und Unterstützung von Kindern und Jugendlichen im sonderpädagogischen Schwerpunkt

LERNEN. Beschluss der Kultusministerkonferenz vom 14.03.2019. In: www.bildungsserver.de/onlineressource.html?onlineressourcen_id=15659, 25.03.2021

Kultusministerkonferenz (1998): Empfehlungen zum Förderschwerpunkt Sprache. Beschluß der Kultusministerkonferenz vom 26.06.1998. In: www.kmk.org/fileadmin/veroeffentlichungen_beschluesse/1998/1998_06_26-Empfehlung-Foerderschwerpunkt-Sprache.pdf, 25.03 2021

Kultusministerkonferenz (1994): Empfehlungen zur sonderpädagogischen Förderung in den Schulen in der Bundesrepublik Deutschland. Beschluß der Kultusministerkonferenz vom 06.05.1994. In: www.kmk.org/fileadmin/veroeffentlichungen_beschluesse/1994/1994_05_06-Empfehlung-sonderpaed-Foerderung.pdf, 25.03.2021

Lee, Y., Lembke, E. (2016): Developing and Evaluating a Kindergarten to Third Grade CBM Mathematics Assessment. ZDM Mathematics Education 48, 1019 – 1030

Lembke, E., Deno, S.L., Hall, K. (2003): Identifying an Indicator of Growth in Early Writing Proficiency for Elementary School Students. Assessment for Effective Intervention, 28, 23 – 35

Lenhard, W. (2019): Gegenwärtiger Stand der empirischen Unterrichtsforschung zur Vermittlung von Lesekompetenz. In: Kämper-van den Boogaart, M., Spinner, K.H. (Hrsg.): Lese- und Literaturunterricht. Teil 2: Kompetenzen und Unterrichtsziele, Methoden und Unterrichtsmaterialien. Schneider, Hohengehren / Baltmannsweiler

Lienert, G.A., Raatz, U. (1998): Testaufbau und Testanalyse Grundlagen Psychologie. Beltz, Weinheim

Lindsay, G. (2007): Educational Psychology and the Effectiveness of Inclusive Education / Mainstreaming. British Journal of Educational Psychology 77 (1), 1 – 24

Lord, F.M., Novick, M.R. (1968): Statistical Theories of Mental Test Scores. Addison-Wesley, Menlo Park

Louthan, V. (1965): Some Systematic Grammatical Deletions and their Effects on Reading Comprehension. The English Journal, 54 (4), 295 – 299

Mahlau, K., Voß, S., Sikora, S. (2020): RESI 1 – 4. Formative Erfassung der Leseleistungen für die Klassenstufe 1 – 4. Manual. In: www.lernfortschrittsdokumentation-mv.de/_lernlinie/, 07.01.2021

Maier, U. (2010): Formative Assessment – ein erfolgsversprechendes Konzept zur Reform von Unterricht und Leistungsmessung? Zeitschrift für Erziehungswissenschaft 13 (2), 293 – 308

Martschinke, S. (2015): Facetten adaptiven Unterrichts aus der Sicht der Unterrichtsforschung. In: K. Liebers, B. Landwehr, A. Marquardt, K. Schlotter (Hrsg.): Lernprozessbegleitung und adaptives Lernen in der Grundschule: Forschungsbezogene Beiträge. Springer, Berlin 15 – 23

Martohardjono, G., Otheguy, R., Gabriele, A., Goeas-Malone, M. de, Szupica-Pyrzanowski, M., Rivero, S. et al. (2005): The Role of Syntax in Reading Comprehension: A Study of Bilingual Readers. In: Cohen, J., McAlister, K.T., Rolstad, K., MacSwan, J. (Hrsg.): Proceedings of the 4th International Symposium on Bilingualism. MA: Cascadilla Press, Somerville, 1522 – 1544

Mau, L., Mühling, A., Diehl, K. (2018): Lernverlaufsmessung mit Levumi – Ein curriculumbasiertes Messverfahren für Rechtschreibung in der dritten Klasse. In: Jungmann, T., Gierschner, B., Meindl, M., Sallat, S. (Hrsg.): Sprache und Bildungshorizonte Wahrnehmen – Beschreiben – Erweitern. Schulz-Kirchner, Idstein, 180 – 185

May, P., Bennöhr, J., Kinze, J., Büchner, I., Ricken, G., Berger, C., Halatschev, N., Hildenbrand, C. (2013): KEKS – Kompetenzerfassung in Kindergarten und Schule. Handbuch: Konzept, theoretische Grundlagen und Normierung. Cornelsen, Berlin

McMaster, K.L., Du, X., Yeo, S., Deno, S.L., Parker, D., Ellis, T. (2011): Curriculum-Based Measures of Beginning Writing: Technical Features of the Slope. Exceptional Children, 77 (2), 185–206

McMaster, K.L., Du X., Pétursdóttir, A.-L. (2009): Technical Features of Curriculum-based Measures for Beginning Writers. Journal of Learning Disabilities, 42 (1), 41–60

McMaster, K., Espin, C. (2007): Technical Features of Curriculum-Based Measurement in Writing. The Journal of Special Education, 41 (2), 68–84

Meijer, C.J.W. (1999): Financing of Special Needs Education. A seventeen-county Study of the Relationship between Financing of Special Needs Education and Inclusion. European Agency for Development in Special Needs Education, Middelfart, In: www.european-agency.org/sites/default/files/financing-of-special-needs-education_Financing-EN.pdf, 25.03.2021

Mejeh, M., Powell, J.J. (2018): Inklusive Bildung in der Schweiz – Zwischen globalen Normen und kantonalen Besonderheiten. Bildung und Erziehung 71 (4), 412–431

Meyer, K., Meyer, P. (1996): Und nachts rollern die Hunde. Oetinger, Hamburg

Moosbrugger, H., Höfling, V. (2008): Standards Für Psychologisches Testen. In: Moosbrugger, H., Kelava, A. (Hrsg.): Testtheorie und Fragebogenkonstruktion. Springer, Berlin, 193–212

Moosbrugger, H., Kelava, A. (2008): Testtheorie und Fragebogenkonstruktion. Springer, Berlin

Mühling, A., Jungjohann, J., Gebhardt, M. (2019): Progress Monitoring in Primary Education using Levumi: A Case Study. In: Lane, H., Zvacek, S., Uhomoibhi, J. (Hrsg.): CSEDU 2019. Proceedings of the 11th International Conference on Computer Supported Education 2–4 May, 2019, Heraklion, Greece, 137–144

Müller, C.M., Hartmann, E. (2014): Lernfortschrittsdiagnostik: Grundrechenarten. 120 Drei-Minuten-Tests für den inklusiven Mathematikunterricht-ZR 1–100. Persen, Hamburg

Muraki, E. (1992): A Generalized Partial Credit Model. ETS Research Report Series 1. 1–30

National Institute of Child Health and Human Development (NICD) (2000): Report of the National Reading Panel – Teaching Children to Read: An Evidence-Based Assessment of the Scientific Research Literature on Reading and its Implications for Reading Instruction. U.S. Government Printing Office, Washington, DC

Newell, K.W., Christ, T.J. (2017): Novice Interpretations of Progress Monitoring Graphs: Extreme Values and Graphical Aids. Assessment for Effective Intervention, 42 (4), 224–236

Palfrey, J.S., Singer, J.D., Walker, D.K., Butler, J.A. (1987): Early Identification of Children's Special Needs: A Study in Five Metropolitan Communities. The Journal of Pediatrics 111 (5), 651–659

Preuss-Lausitz, U. (2016): Throughput Instead of Input: Herausforderungen beim Wegfall der Feststellungsdiagnostik in den Förderbereichen Lernen, emotionale und soziale Entwicklung und Sprache. Zeitschrift für Heilpädagogik 67, 204–214

Rammstedt, B. (2010): Reliabilität, Validität, Objektivität. In: Wolf, C., Best, H. (Hrsg.): Handbuch der sozialwissenschaftlichen Datenanalyse. Springer VS, Wiesbaden, 239–258

Rasch, G. (1980): Probabilistic Models for Some Intelligence and Attainment Tests. University of Chicago Press, Chicago

Reber, K., Kirch, M. (2013): Richtig schreiben lernen – Kompetenzorientierter Rechtschreibunterricht. Praxis Sprache 4, 254–257

Rensing, J., Käter, C., Käter, T., Hillenbrand, C. (2016). Konstruktion und Überprüfung eines curriculumbasierten Testverfahrens im Fach Mathematik für die vierte Klasse. Empirische Sonderpädagogik, 8 (4), 346–366.

Reschly, A.L., Busch, T.W., Betts, J., Deno, S.L., Long, J.D. (2009): Curriculum-Based Measurement Oral Reading as an Indicator of Reading Achievement: A Meta-Analysis of the Correlational Evidence. Journal of School Psychology 47, 427–469

Rheinberg, F., Vollmeyer, R., Burns, B.D. (2001): FAM: Ein Fragebogen zur Erfassung aktueller Motivation in Lern- und Leistungssituationen. Diagnostica, 47 (2), 57–66.

Rosebrock, C., Nix, D., Rieckmann, C., Gold, A. (2017): Leseflüssigkeit fördern. Lautleseverfahren für die Primar- und Sekundarstufe. 5. Aufl. Klett Kallmeyer, Seelze

Roskam E.E. (1997): Models for Speed and Time-Limit Tests. In: van der Linden W.J., Hambleton R. (Hrsg.): Handbook of Modern Item Response Theory. Springer, New York, 87–208

Rost, J. (2004): Lehrbuch Testtheorie, Testkonstruktion. 2. Aufl. Huber, Bern

Salaschek, M., Zeuch, N., Souvignier, E. (2014): Mathematics Growth Trajectories in First Grade: Cumulative vs. Compensatory Patterns and the Role of Number sense. Learning and Individual Differences 35, 102–112

Sälzer, C., Gebhardt, M., Müller, M., Pauly, E. (2015): Der Prozess der Feststellung sonderpädagogischen Förderbedarfs in Deutschland. In: Stanat, P., Pant, H.A., Gresch, C., Prenzel, M., Kuhl, P. (Hrsg.): Inklusion von Schülerinnen und Schülern mit sonderpädagogischem Förderbedarf in Schulleistungserhebungen. Forschungsstand, Herausforderungen und Perspektiven. Springer, Wiesbaden, 129–153

Scheer, D. (2020): Generator für Lernverlaufsdiagnostik „Zahlzerlegung im Zahlenraum 10" (LibreOffice Calc). In: 10.13140/RG.2.2.32002.02241, 19.04.2021

Schurig, M., Jungjohann, J., Gebhardt, M. (2019): Handbuch für Lehrkräfte im Anwendungsbereich Verhalten und Empfinden – Lern-Verlaufs-Monitoring Levumi. Technische Universität, Dortmund In: https://doi.org/10.17877/DE290R-20376

Schwenk, C., Kuhn, J.-T., Doebler, P., Holling, H. (2017): Auf Goldmünzenjagd: Psychometrische Kennwerte verschiedener Scoringansätze bei computergestützter Lernverlaufsdiagnostik im Bereich Mathematik. In: Empirische Sonderpädagogik 2, 123–142

Selter, C. (2001): Addition and Subtraction of Three-Digit Numbers: German Elementary Children's Success, Methods and Strategies. Educational Studies in Mathematics, 47 (2), 145–173.

Siekmann, K., Thomé, G. (2018): Der orthographische Fehler: Geschichte und aktuelle Tendenzen (2., aktualisierte). Institut für sprachliche Bildung, Oldenburg

Sikora, S., Voß, S. (2017): Konzeption und Güte curriculumbasierter Messverfahren zur Erfassung der arithmetischen Leistungsentwicklung in den Klassenstufen 3 und 4. In: Empirische Sonderpädagogik 3, 236–257

Souvignier, E., Förster, N., Salaschek, M. (2014): quop: Ein Ansatz internetbasierter Lernverlaufsdiagnostik mit Testkonzepten für Lesen und Mathematik. In: Hasselhorn, M., Schneider, W., Trautwein, U. (Hrsg.): Lernverlaufsdiagnostik. Hogrefe, Göttingen, 239–256

Steyer, R., Eid, M. (2001): Messen und Testen. Springer, Berlin

Stout, W.F. (1990): A New Item Response Theory Modeling Approach with Applications to Unidimensionality Assessment and Ability Estimation. Psychometrika, 55, 293–325

Strathmann, A.M., Klauer, K.J. (2012): Lernverlaufsdiagnostik Mathematik 2–4. Manual. Hogrefe, Göttingen

Strathmann, A.M., Klauer, K.J. (2010): Lernverlaufsdiagnostik: Ein Ansatz zur längerfristigen Lernfortschrittsmessung. Zeitschrift für Entwicklungspsychologie und pädagogische Psychologie 42 (2), 111–122

Strathmann, A., Klauer, K.J., Greisbach, M. (2010): Lernverlaufsdiagnostik – Dargestellt am Beispiel der Entwicklung der Rechtschreibkompetenz in der Grundschule. Empirische Sonderpädagogik, 2,64–77

Strathmann, A., Klauer, K.J. (2008): Diagnostik des Lernverlaufs. Eine Pilotstudie am Beispiel der Entwicklung der Rechtschreibkompetenz. Sonderpädagogik, 38, 5–24

Tichá, R., Espin, C.A., Wayman, M.M. (2009): Reading progress monitoring for secondary-school students. Reliability, validity, and sensitivity to growth of reading-aloud and maze-selection measures. Learning Disabilities Research & Practice, 24 (3), 132–142

Tindal, G. (2013): Curriculum-Based Measurement: A Brief History of Nearly Everything from the 1970s to the Present. ISRN Education (2), 1–29

Tindal, G., Parker, R. (1991): Identifying Measures for Evaluating Written Expression. Learning Disabilities Research & Practice, 6, 211–218

Thurber, R. S, Shinn M.R., Smolkowski K. (2002): What is Measured in Mathematics Tests? Construct Validity of Curriculum-Based Mathematics Measures. School Psychology Review 31 (4), 498–513

Universität Rostock (2020): Rügener Inklusionsmodell (RIM) – Prävention und Integration im RTI-Paradigma. In: www.rim.uni-rostock.de, 07.08.2020

Van Breukelen G.J.P. (2005): Psychometric modeling of response speed and accuracy with mixed and conditional regression. Psychometrika 2, 359–376

Van den Bosch, R.M., Espin, C.A., Chung, S., Saab, N. (2017): Data-based decision-making. Teachers' comprehension of curriculum-based measurement progress-monitoring graphs. Learning Disabilities Research & Practice 32 (1), 4660

Van Ophuysen, S. (2010): Professionelle pädagogisch-diagnostische Kompetenz – eine theoretische und empirische Annäherung. In: Berkemeyer, N., Bos, W., Holtappels, H.G., McElvany u.a. (Hrsg.): Jahrbuch der Schulentwicklung Band 16. Juventa, Weinheim, 203–234

Vaughn, S., Linan-Thompson, S., Hickman, P. (2003): Response to Instruction as a Means of Identifying Students with Reading/Learning Disabilities. Exceptional Children 69 (4), 391–409

Voß, S. (2017): Datenbasierte Förderentscheidungen. In: Hartke, B. (Hrsg.): Handlungsmöglichkeiten schulische Inklusion. Das Rügener Modell kompakt. Kohlhammer, Stuttgart, 33–56

Voß, S. (2014): Curriculumbasierte Messverfahren im mathematischen Erstunterricht – Zur Güte und Anwendbarkeit einer Adaption US-amerikanischer Verfahren im deutschen Schulsystem. Südwestdeutscher Verlag für Hochschulschriften, Saarbrücken

Voß, S., Blumenthal, Y. (2020): Assessing the Word Recognition Skills of German Elementary Students in Silent Reading—Psychometric Properties of an Item Pool to Generate Curriculum-Based Measurements. Education Sciences, 10 (2), 35

Voß, S., Blumenthal, Y., Ehrich, K., Mahlau, K. (2020a): Multimodale Diagnostik als Ausgangspunkt für spezifische Förderung. Eine Darlegung am Beispiel der Rechtschreibung. Zeitschrift für Heilpädagogik 71, 88–99

Voß, S., Blumenthal, Y., Höcker, A., Putnins, N. (2020b). Leni 1–4. Formative Erfassung der Leseleistungen für die Klassenstufe 1–4. Manual. In: www.lernfortschrittsdokumentation-mv.de/_lernlinie, 27.03.2021

Voß, S., Blumenthal, Y., Mahlau, K., Marten, K., Diehl, K., Sikora, S., Hartke, B. (2016a): Der Response-to-Intervention-Ansatz in der Praxis. Evaluationsergebnisse zum Rügener Inklusionsmodell. Waxmann, Münster

Voß, S., Gebhardt, M. (2017): Verlaufsdiagnostik in der Schule. Empirische Sonderpädagogik 2, 95–97

Voß, S., Hartke, B. (2014): Curriculumbasierte Messverfahren (CBM) als Methode der formativen Leistungsdiagnostik im RTI-Ansatz. In: Hasselhorn, M, Schneider, W., Trautwein, U. (Hrsg.): Formative Leistungsdiagnostik. Hogrefe, Göttingen, 83–100

Voß, S., Marten, K., Mahlau, K., Sikora, S., Hartke, B. (2016b): Zum Leistungs- und Entwicklungsstand inklusiv beschulter Schülerinnen und Schüler mit (sonder-)pädagogischen

Förderbedarfen auf der Insel Rügen nach fünf Schulbesuchsjahren. In: www.rim.uni-rostock.de/storages/uni-rostock/Alle_PHF/RIM/Downloads/RIM-Evaluationsbericht-MZP6_KORRIGIERT_Internet.pdf, 26.03.2021

Voß, S., Sikora, S., Mahlau, K. (2017): Vorschlag zur Konzeption eines curriculumbasierten Messverfahrens zur Erfassung der Rechtschreibleistungen im Grundschulbereich. Empirische Sonderpädagogik, 2, 184–194

Wagner, D.L., Hammerschmidt-Snidarich, S.M., Espin, C.A., Seifert, K., McMaster, K.L. (2017): Pre-Service Teachers' Interpretation of CBM Progress Monitoring Data. Learning Disabilities Research & Practice, 32 (1), 22–31

Walter, J. (2014): Lernfortschrittsdiagnostik Lesen (LDL) und Verlaufsdiagnostik sinnerfassenden Lesens (VSL): Zwei Verfahren als Instrumente einer formativ orientierten Lesediagnostik. In: Hasselhorn, M., Schneider, W., Trautwein, U. (Hrsg.): Lernverlaufsdiagnostik. Hogrefe, Göttingen, 166–201

Walter, J. (2013): VSL – Verlaufsdiagnostik sinnerfassendes Lesen. Ein curriculumbasiertes Verfahren. Hogrefe, Göttingen

Walter, J. (2011a): Die Entwicklung eines auch computerbasiert einsetzbaren Instruments zur formativen Messung der Lesekompetenz. Heilpädagogische Forschung, 37 (3), 106–126.

Walter, J. (2011b): Die Messung der Entwicklung der Lesekompetenz im Dienste der systematischen formativen Evaluation von Lehr- und Lernprozessen. Zeitschrift für Heilpädagogik, 62 (6), 204–217

Walter, J. (2010a): LDL – Lernfortschrittsdiagnostik Lesen. Ein curriculumbasiertes Verfahren. Hogrefe, Göttingen

Walter, J. (2010b): Lernfortschrittsdiagnostik am Beispiel der Lesekompetenz (LDL): Messtechnische Grundlagen sowie Befunde über zu erwartende Zuwachsraten während der Grundschule. Heilpädagogische Forschung, 36 (4), 162–176

Walter, J. (2009): Eignet sich die Messtechnik „MAZE" zur Erfassung von Lesekompetenzen als lernprozessbegleitende Diagnostik? Heilpädagogische Forschung, 35 (2), 62–75

Walter, J., Clausen-Suhr, K. (2018) Lernfortschrittsdiagnostik Orthographie (LDO): Entwicklung und Anwendung eines computergestützten Instruments zur längsschnittlichen Erfassung orthographischer Kompetenzen für Zweit- und Drittklässler. Zeitschrift für Heilpädagogik, 69, 207–224

Wayman, M., Wallace, T., Wiley, H.I., Tichá, R., Espin, C.A. (2007): Literature synthesis on curriculum-based measurement in reading. Journal of Special Education 41

Wember, F.B. (2015): Unterricht professionell. Orientierungspunkte für einen inklusiven Unterricht mit heterogenen Lerngruppen. Zeitschrift für Heilpädagogik 10, 456–473

Wilbert, J. (2014): Vermittlung von Basiskompetenzen zum Rechnen. In: Lauth, G., Grünke, M., Brunstein, J. (Hrsg.): Interventionen bei Lernstörungen: Förderung, Training und Therapie in der Praxis. Hogrefe, Göttingen, 209–219

Wilbert, J., Linnemann, M. (2011): Kriterien zur Analyse eines Tests zur Lernverlaufsdiagnostik. Empirische Sonderpädagogik, 3 (3), 225–242

Wiley, H.I., Deno, S.L. (2005): Oral Reading and Maze Measures as Predictors of Success for English Learners on a State Standards Assessment. Remedial and Special Education, 26 (4), 207–214

Wright, B.D. (1977): Solving Measurement Problems with the Rasch Model. Journal of Educational Measurement 14, 97–116

Wright, B.D., Masters, G.N. (1982): Rating Scale Analysis. MESA Press, Chicago

Zeuch, N., Förster, N., Souvignier, E. (2017): Assessing Teachers' Competencies to Read and Interpret Graphs from Learning Progress Assessment: Results from Tests and Interviews. Learning Disabilities Research & Practice, 32 (1), 61–70

Sachregister